海上絲綢之路基本文獻叢書

東印度與華僑經濟發展史（上）

丘守愚 編著

文物出版社

圖書在版編目（CIP）數據

東印度與華僑經濟發展史．上 / 丘守愚編著．-- 北京 : 文物出版社，2022.7
（海上絲綢之路基本文獻叢書）
ISBN 978-7-5010-7692-5

Ⅰ．①東… Ⅱ．①丘… Ⅲ．①經濟史－印尼②華僑－經濟史－印尼－現代 Ⅳ．①F134.295

中國版本圖書館 CIP 數據核字（2022）第 086650 號

海上絲綢之路基本文獻叢書

東印度與華僑經濟發展史（上）

編　　者：丘守愚
策　　劃：盛世博閱（北京）文化有限責任公司

封面設計：鞏榮彪
責任編輯：劉永海
責任印製：張　麗

出版發行：文物出版社
社　　址：北京市東城區東直門内北小街 2 號樓
郵　　編：100007
網　　址：http://www.wenwu.com
經　　銷：新華書店
印　　刷：北京旺都印務有限公司
開　　本：787mm×1092mm　1/16
印　　張：14.125
版　　次：2022 年 7 月第 1 版
印　　次：2022 年 7 月第 1 次印刷
書　　號：ISBN 978-7-5010-7692-5
定　　價：98.00 圓

總緒

海上絲綢之路，一般意義上是指從秦漢至鴉片戰争前中國與世界進行政治、經濟、文化交流的海上通道，主要分爲經由黄海、東海的海路最終抵達日本列島及朝鮮半島的東海航綫和以徐聞、合浦、廣州、泉州爲起點通往東南亞及印度洋地區的南海航綫。

在中國古代文獻中，最早、最詳細記載『海上絲綢之路』航綫的是東漢班固的《漢書·地理志》，詳細記載了西漢黄門譯長率領應募者入海『齎黄金雜繒而往』之事，書中所出現的地理記載與東南亞地區相關，并與實際的地理狀况基本相符。

東漢後，中國進入魏晉南北朝長達三百多年的分裂割據時期，絲路上的交往也走向低谷。這一時期的絲路交往，以法顯的西行最爲著名。法顯作爲從陸路西行到印度，再由海路回國的第一人，根據親身經歷所寫的《佛國記》（又稱《法顯傳》）一書，詳細介紹了古代中亞和印度、巴基斯坦、斯里蘭卡等地的歷史及風土人情，是瞭解和研究海陸絲綢之路的珍貴歷史資料。

隨着隋唐的統一，中國經濟重心的南移，中國與西方交通以海路爲主，海上絲綢之路進入大發展時期。廣州成爲唐朝最大的海外貿易中心，朝廷設立市舶司，專門管理海外貿易。唐代著名的地理學家賈耽（七三〇～八〇五年）的《皇華四達記》記載了從廣州通往阿拉伯地區的海上交通『廣州通夷道』，詳述了從廣州港出發，經越南、馬來半島、蘇門答臘半島至印度、錫蘭，直至波斯灣沿岸各國的航綫及沿途地區的方位、名稱、島礁、山川、民俗等。譯經大師義净西行求法，將沿途見聞寫成著作《大唐西域求法高僧傳》，詳細記載了海上絲綢之路的發展變化，是我們瞭解絲綢之路不可多得的第一手資料。

宋代的造船技術和航海技術顯著提高，指南針廣泛應用於航海，中國商船的遠航能力大大提升。北宋徐兢的《宣和奉使高麗圖經》詳細記述了船舶製造、海洋地理和往來航綫，是研究宋代海外交通史、中朝友好關係史、中朝經濟文化交流史的重要文獻。南宋趙汝適《諸蕃志》記載，南海有五十三個國家和地區與南宋通商貿易，形成了通往日本、高麗、東南亞、印度、波斯、阿拉伯等地的『海上絲綢之路』。宋代爲了加强商貿往來，於北宋神宗元豐三年（一〇八〇年）頒佈了中國歷史上第一部海洋貿易管理條例《廣州市舶條法》，并稱爲宋代貿易管理的制度範本。

元朝在經濟上採用重商主義政策，鼓勵海外貿易，中國與歐洲的聯繫與交往非常頻繁，其中馬可·波羅、伊本·白圖泰等歐洲旅行家來到中國，留下了大量的旅行記，記録元代海上絲綢之路的盛况。元代的汪大淵兩次出海，撰寫出《島夷志略》一書，記録了二百多個國名和地名，其中不少首次見於中國著録，涉及的地理範圍東至菲律賓群島，西至非洲。這些都反映了元朝時中西經濟文化交流的豐富内容。

明、清政府先後多次實施海禁政策，海上絲綢之路的貿易逐漸衰落。但是從明永樂三年至明宣德八年的二十八年裏，鄭和率船隊七下西洋，先後到達的國家多達三十多個，在進行經貿交流的同時，也極大地促進了中外文化的交流，這些都詳見於《西洋蕃國志》《星槎勝覽》《瀛涯勝覽》等典籍中。

關於海上絲綢之路的文獻記述，除上述官員、學者、求法或傳教高僧以及旅行者的著作外，自《漢書》之後，歷代正史大都列有《地理志》《四夷傳》《西域傳》《外國傳》《蠻夷傳》《屬國傳》等篇章，加上唐宋以來衆多的典制類文獻、地方史志文獻，集中反映了歷代王朝對於周邊部族、政權以及西方世界的認識，都是關於海上絲綢之路的原始史料性文獻。

海上絲綢之路概念的形成，經歷了一個演變的過程。十九世紀七十年代德國地理學家費迪南·馮·李希霍芬（Ferdinad Von Richthofen，一八三三～一九〇五），在其《中國：親身旅行和研究成果》第三卷中首次把輸出中國絲綢的東西陸路稱爲『絲綢之路』。有『歐洲漢學泰斗』之稱的法國漢學家沙畹（Édouard Chavannes，一八六五～一九一八），在其一九〇三年著作的《西突厥史料》中提出『絲路有海陸兩道』，蘊涵了海上絲綢之路最初提法。迄今發現最早正式提出『海上絲綢之路』一詞的是日本考古學家三杉隆敏，他在一九六七年出版《中國瓷器之旅：探索海上的絲綢之路》中首次使用『海上絲綢之路』一詞；一九七九年三杉隆敏又出版了《海上絲綢之路》一書，其立意和出發點局限在東西方之間的陶瓷貿易與交流史。

二十世紀八十年代以來，在海外交通史研究中，『海上絲綢之路』一詞逐漸成爲中外學術界廣泛接受的概念。根據姚楠等人研究，饒宗頤先生是華人中最早提出『海上絲綢之路』的人，他的《海道之絲路與昆侖舶》正式提出『海上絲路』的稱謂。選堂先生評價海上絲綢之路是外交、貿易和文化交流作用的通道。此後，大陸學者馮蔚然在一九七八年編寫的《航運史話》中，使用『海上絲綢之路』一詞，這是迄今學界查到的中國大陸最早使用『海上絲綢之路』的人，更多地限於航海活動領域的考察。一九八〇年北京大學陳炎教授提出『海上絲綢之路』研究，并於一九八一年發表《略論海上絲綢之路》一文。他對海上絲綢之路的理解超越以往，且帶有濃厚的愛國主義思想。陳炎教授之後，從事研究海上絲綢之路的學者越來越多，尤其沿海港口城市向聯合國申請海上絲綢之路非物質文化遺産活動，將海上絲綢之路研究推向新高潮。另外，國家把建設『絲綢之路經濟帶』和『二十一世紀海上絲綢之路』作爲對外發展方針，將這一學術課題提升爲國家願景的高度，使海上絲綢之路形成超越學術進入政經層面的熱潮。

與海上絲綢之路學的萬千氣象相對應，海上絲綢之路文獻的整理工作仍顯滯後，遠遠跟不上突飛猛進的研究進展。二〇一八年厦門大學、中山大學等單位聯合發起『海上絲綢之路文獻集成』專案，尚在醞釀當中。我們不揣淺陋，深入調查，廣泛搜集，將有關海上絲綢之路的原始史料文獻和研究文獻，分爲風俗物産、雜史筆記、海防海事、典章檔案等六個類別，彙編成《海上絲綢之路歷史文化叢書》，於二〇二〇年影印出版。此輯面市以來，深受各大圖書館及相關研究者好評。爲讓更多的讀者親近古籍文獻，我們遴選出前編中的菁華，彙編成《海上絲綢之路基本文獻叢書》，以單行本影印出版，以饗讀者，以期爲讀者展現出一幅幅中外經濟文化交流的精美畫卷，爲海上絲綢之路的研究提供歷史借鑒，爲『二十一世紀海上絲綢之路』倡議構想的實踐做好歷史的詮釋和注脚，從而達到『以史爲鑒』『古爲今用』的目的。

凡例

一、本編注重史料的珍稀性，從《海上絲綢之路歷史文化叢書》中遴選出菁華，擬出版百册單行本。

二、本編所選之文獻，其編纂的年代下限至一九四九年。

三、本編排序無嚴格定式，所選之文獻篇幅以二百餘頁爲宜，以便讀者閲讀使用。

四、本編所選文獻，每種前皆注明版本、著者。

五、本編文獻皆爲影印，原始文本掃描之後經過修復處理，仍存原式，少數文獻由於原始底本欠佳，略有模糊之處，不影響閱讀使用。

六、本編原始底本非一時一地之出版物，原書裝幀、開本多有不同，本書彙編之後，統一爲十六開右翻本。

目録

東印度與華僑經濟發展史（上）

章一至章六　丘守愚　編著

民國三十六年正中書局鉛印本…………………………一

東印度與華僑經濟發展史（上）

東印度與華僑經濟發展史（上）

章一至章六

丘守愚 編著

民國三十六年正中書局鉛印本

丘守愚編著

東印度與華僑經濟發展史

正中書局印行

自序

吾既爲東印度與華僑經濟發展史，將以問世，慨然而歎曰：偉哉吾華僑之爲功于祖國也。華僑之於東印度也，非有所謂國際貿易也。古無論已，近代以來，所謂商業，不過介于西人與印度尼西亞人間之二盤商耳。資本之雄厚，不能如人也；祖國之保護，輓近開其端緒而已。然以祖國對外瀕厄之大，吾華僑猶能挹彼注茲，以稍紓祖國之困窮。數十年前，人謂中國人無愛國心，豈其然哉！初荷人懼華僑勢力之不可侮也，故不欲令其與祖國官府相接觸；又以華僑之在東印度投足爲重輕，故强欲子臣華僑而奴使之；其間亦有欲籠絡其心以爲彼爪牙者，中土之人不知也。華僑以情無由達，乃於彼此之間，勉爲兩利之道，故能恪守信誓，便利同胞；尤能以平易交人，得印度尼西亞人之歡心。故印度尼西亞人與華僑，輒有形影相隨，指臂相聯之勢。以是亦能見重于西人。西人雖欲盡專東印度之利，勢有所不可焉。至于美中不足者，一商業也，事之有待于合羣者，則衆多裹足，而其能以一人兼擅大利者，又往往見之；則華僑之才，未嘗不可以驚人，如閩粵少數諸巨商是已。夫以華僑之于東印度，有千餘年之故事在。考其實，則異時所謂盜賊，所謂蜑民，與夫流離轉徙不得已而餬口於海外者耳。又近世所謂猪仔者，其被掠者，受其主人之虐視，雖印度所謂賤民，西士前世所謂奴隸者，殆相似焉。吾猶及見夫此輩於創殘餓羸之餘，日思祖國之營救者，無慮萬千衆。今者我事已勝利結束，祖國早躋于五强之列，行見靑天白日之旗，益飄揚於海外，而東印度尤爲吾僑胞祖先篳路藍縷以啓山林之地，繼今滌除舊染，親愛精誠，更能于商業上講求資本聯合之方，集衆力以竟自然之利，得與今日盟國方軌而並駕，則以吾華僑昔日之爲當世重者，今且爲當世法，豈非承先啓後有光祖國之大道哉。

民國三十四年八月丘守愚序于陪都

目次

第一章　土地與人民……一
第一節　疆域及氣候……一
第二節　民族……六
第三節　人口……一〇
第二章　農林業……一七
第一節　土地法……一七
第二節　東印度農業之開發……二五
第三節　東印度林業之今昔……四三
第三章　外人農業……四七
第一節　銷路日滯之爪哇歐人蔗糖業……四七
第二節　與馬來平分秋色之東印度橡皮業……五八

第三節　後來居上之東印度歐人茶業……七三
第四節　產量日減之東印度歐人烟草業……八三
第五節　獨佔世界生產之爪哇歐人規納業……九一
第六節　急起直追之蘇門答臘歐人油棕櫚業……九八
第七節　東印度歐人之硬質纖維業及可可業……一〇一
第四章　印度尼西亞人之農業……一〇五
第一節　稻——東印度人民之主要糧食……一〇五
第二節　在東印度經濟上佔重要地位之印度尼西亞人……一一二
第三節　普遍群島之椰林……一一八
第四節　印度尼西亞人之數種重要農業……一二三
第五節　其他農產……一二八
第六節　畜牧畋獵及水產……一四二
第五章　礦業……一五〇
第一節　礦業概述……一五〇

第二節　在東半球佔重要地位之東印度石油業……一五五
第三節　與馬來並駕齊驅之東印度錫礦業……一六七
第四節　其他礦產……一七六
第六章　工業……一八七
第一節　東印度工業之發展……一八七
第二節　東印度之勞工問題……一九九
第七章　商業……二一二
第一節　商法與商業政策……二一二
第二節　國際貿易……二四七
第三節　國別貿易……二七五
第四節　金融……二九九
第八章　東印度各島經濟之發展……三〇八
第一節　內領經濟之開發……三〇八

第二節　大東方之經濟……三三七
第九章　東印度華僑之經濟……三六四
第一節　東印度華僑之拓殖……三六四
第二節　東印度華僑經濟之發展……三七三
第三節　戰後南洋華僑經濟復員計劃……四二三

第一章 土地與人民

第一節 疆域及氣候

第一項 廣大島國

（一）稱謂 位置 面積

東印度羣島近三世紀以來，卽屬荷蘭，其原名爲荷屬東印度羣島，以別于荷屬西印度羣島也。自一九二四年荷蘭將荷屬西印度羣島改名爲蘇里南後，荷屬東印度遂取消東字而改稱今名。該地人民自稱爲印度尼西亞人，英人法人皆稱之爲荷蘭東印度，德人稱之爲馬來羣島，日人稱爲蘭領東印度，而我國則通稱荷屬南洋，或簡稱荷印。

位于東經九十五度至一百四十一度間。南至南緯十一度，北至北緯六度。地處亞洲之東南，分布于熱帶圈內。其島嶼達三千個以上，有如滿天星斗。東臨太平洋。西臨印度洋。南隔亞剌富拉海與澳洲爲鄰，北隔西里伯斯海，南海，暹羅灣，馬六甲海峽，與菲律賓，我國及中南半島遙遙相對。而其海岸線之長，約等于繞地球赤道之一週。

而其幅員之大，往往爲世人所忽略。自極東之馬羅居（新幾內亞南部）至極西之砂網（蘇門答臘北部），綿延凡三千六百英里與美國紐約至舊金山之距離相同自南至北最大距離爲一千八百英里。面積爲一百九十萬方公里，或七十三萬餘方英里若以海之面積計算在內則達五百七十萬方公里，以海爲陸之三倍也。陸上面積爲吾國版圖六分之一，爲美國本部或澳洲四分之一，爲歐洲五分之一，爲印度半島二分之一，但大于荷蘭本國五十八倍。若以各島分別與荷蘭比較，則婆羅洲大十七倍蘇門答臘大十三倍新幾內亞領地大十二倍，西里伯斯大五倍半，爪哇大四倍摩洛加羣島大三倍半小巽他羣島大三倍。荷人之能統治東印度也，誠幸運哉。

島之大者既如上所述，至于開發之完善交通之便利物產之豐富人煙之稠密建設之美麗，則首推爪哇，他島遠不及也。其次則蘇門答臘亦正在開發中。他如婆羅洲，西里伯斯，新幾內亞各島地多未闢，人亦稀少，猶爲荒土，未足與前媲美。惟婆羅洲之北部及新幾內亞之東部屬于英，帝問島東部屬于葡，與荷蘭共而有之。此東印度今日疆域之大略也。茲將東印度各島面積列後：

爪哇及馬都拉	五一、〇三四、六平方哩
蘇門答臘	一八二、八六七、一平方哩
荷屬婆羅洲	二〇八、二九四、五平方哩
西里伯斯	七二、九八九、五平方哩
荷屬新幾內亞	一五三、三六七、一平方哩

（二）地質

東印度之土壤大部爲花崗岩及頁岩組成。第三世紀時，此種土壤，卽爲火山噴發之灰質及石塊所淹沒。其後，年復一年，而昔日火山噴出之岩石，如輝綠岩、飛白岩、卽組成今日羣島表土之大部母岩，而安黎岩及玄武岩所生成之土壤，約佔百分之七十五以上。是以東印度之地形，絕罕崎嶇岩石表露之現象，故土壤甚肥沃。致東印度爲火山線經過之區，故其地多活火山。自一六〇〇年來死火山有四十餘座，活火山有六十餘座。而其地震區域，近三十年來，輕微者有六十餘處，强烈者有百餘處。火山線之分布狀況，可分爲二脈：一由印度南下，經緬甸及蘇門答臘西海岸全部，越爪哇小巽他羣島而至萬達羣島；一由台灣入菲律賓，經西里伯斯之北部而達摩洛加羣島。其中尤以爪哇爲最劇烈，實爲世界少有之危險地帶。活火山噴火之口，幸每座常有火口三數處，故可減輕其爆發力。否則力量集中一處，當更猛烈。方吾人經過活火山區域時，數里外卽嗅覺强烈之硫磺氣味。而山流經過之地，石多變爲枯紅色，水則爲濃黑液。若逢其山麓時，山水積處，如投以雞卵，不數分鐘而卵已熟，熱度之高可以想見。火山噴發時，多爲灰質小石塊，而非明火。噴出之灰質，常高至數千百呎。因此火山噴出之熱泥河流，有如海鳥糞焉。遂將東印度之土壤變爲肥沃，而極適宜于植物之滋生。東印度今日農業生產特盛，且成爲世界上最肥沃之土地者，實乃火山線經過之功。惟其大爆發時，周圍數十里之居民，每多受其害。一六四六年干那低附近之火山爆發時，島上居民村落毀滅泰半，火灰滿布空中，天爲之蔽。一七七二年爪哇把板打洋火山爆發時，附近之四十餘村落，皆隨火灰而消滅。一八一五年松巴窪島上之火山爆發時，周圍三百里之海上，火灰俱已波及，傷亡之衆，達七萬人，海水淹沒至十八呎之深，其爲害可謂大矣。一八八三年西爪哇格拉加多島上火山大爆發，海水已湧至爪哇島，傷亡數千人，餘威至今猶令人戰慄也。

第二項　良好氣候

（一）雨　量

氣候爲自然環境中最基本之項目，雨量又爲氣候中最重要之要素。雨量之多寡，可以轉移農業生產之盛衰。雨量豐則植物之滋生必繁，反是則弱。東印度地居熱帶雨林帶，故雨量豐沛，每歲恒在三千粍以上。氣候炎熱多雨，故農作物生長甚易。如西爪哇之茂勿及蘇島西部之把東一帶，且超過四千粍。即其他各地雨量較少者，亦恒在二千粍左右。較之澳洲中部、非洲之撒哈拉、亞洲之阿拉伯、伊朗、阿富汗、我國之新疆、蒙古以及南美、南非、北美之西部等雨澤稀少作物不易生長之區，則東印度誠可謂得天獨厚矣。大約在海岸平原多爲二千粍，在山地則爲三千粍。最少雨量之區爲西里伯斯島西北之把汝地方，年爲五百三十粍。最多雨量之區爲爪哇之多薄年爲六千粍以上。凡被潮濕之季風吹過之山地，其雨量均甚大。如爪哇之莫里亞及芝里棉兩山，正月間即已達一千粍。然有時一晝夜卽有三四百粍。雨量之豐，於此可見。又在雨季期中，向風方向之山地雨量大，而背風方向之雨量小。爪哇之怡井山卽可以證明。正月間東季風由東南吹來時，此月內南麓卽有雨量四百一十八粍，而北麓僅有雨量一粍。至于降雨之日數，一年中有達二百三十一日者，如前述之多薄是。可謂幾無日不雨矣。然最低之日數爲松巴島之哇呀布，平均僅五十六日。若通常各地降雨之日數，多在百餘日。在二百餘日者僅有爪哇之多薄、瑪拉巴、文羅梭，博蘇島之實武呀及安汶島等地。熱帶雨量雖多，以暴風雨之故，時降時停。陣雨一來，勢甚猛烈，但瞬卽消失。雨時多在午後，百試不爽。上午三時至十時，則難遇雨。雨季氣候甚熱。若氣候酷熱時，卽可卜知雨之將至。雨季與旱季常以季風爲轉移。大致在赤道上者，五月中旬至九月中旬爲雨季，十月至四月爲旱季。在赤道下者，四月至九月爲旱季，十一月至二月爲雨季。

（二）温度

東印度爲熱帶氣候，氣温甚高，土卑地濕，日光甚烈，極適宜于植物之生長。此所以羣島阡陌縱橫，森林茂密，高幹硬木蔭蔽天日也。然以海洋風之調劑，氣候温和，實有出人意料者。若非身臨其境，當難使人置信。其氣候終年如一，無四時之分，亦無酷寒酷暑之病。温度平均爲攝氏二十六度，合華氏七十九度，頗適宜于居住。故居民多著單衣，無棉皮之煩。所謂冰天雪地者，僅于畫圖中見之。境內各地温度亦微有不同，大抵在攝氏二十度至二十六度間，以地勢言濱海之區較熱，山地較涼。每高一百公尺之地，卽降低攝氏十分之六度。此在東印度幾成爲定例。如吧城、泗水爲濱海區域，其地較熱，而萬隆、瑪瓏則爲山區之地，故其他較涼。以季候言，雨季較熱，旱季較涼。白晝較熱，夜晚較涼。中爪哇之峇突地方，吾人夜間必須蓋上厚毛氈，而當地人民或生火以取暖者，蓋山區氣候寒冷之故也。

第二節　民　族

第一項　印度尼西亞人

（一）土人二字稱呼之不當

東印度民族，以現勢而言，可分爲印度尼西亞人及外僑兩大類。所謂印度尼西亞人者，卽東印度當地之人民。吾人常見中外書籍，均以土人稱之，而不稱之爲印度尼西亞人。此種含輕視心理之稱呼，在有知識之印度尼西亞人視之，必認爲莫大之侮辱。反之，若世人稱英國人不曰英人，而曰英格蘭之土人，蘇格蘭之土人，或荷蘭人不曰荷人，而曰尼德蘭之土人，則英荷兩國人民見之，將作何感想？其必咆哮大怒也無疑。吾人爲矯正此惡習起見，宜因其原名，以印度尼西亞人稱之。

（二）民族類別

以印度尼西亞人而言，雖有六十餘種之多，大別之亦可分爲馬來族與巴布安族兩大類。大抵在羣島西部者，如蘇島、爪哇、婆羅洲、西里伯斯、小巽他羣島，屬于馬來族。其人膚色爲淡棕色，或帶橄欖色。髮直而色黑，或稍成波狀而捲曲。頭小顴骨突出，額顱圓，眉低，睛黑而稍斜。口大唇厚，臉寬，鼻扁平，嘴無髭。身材矮小，甚强壯，而毛不多。體高頗一律。胸部發達，脚短小而薄，手小頗纖弱。性情溫和，感情內藏，態度冷靜。不善于表情，羞恥心重，性甚猜忌。在羣島東部者，如新幾內亞及其附近島嶼，屬于巴布安族。其人膚色爲深棕色，或帶黑色。髮乾燥粗糙，捲曲而成小簇，如綿羊尾。頭長額扁平，眉根突出，鼻高大，唇厚而突出。面部有髭，如髮之捲曲。身材高大，體格强健。四肢及胸部皆有毛。腿長而細，手足皆較馬來人爲大。性情凶暴，雖對于子女亦凶戾而殘忍。感情顯露，態度熱烈，常歡呼而大笑。馬來族來自亞洲大陸，而巴布安族則爲島上之土著。馬來族分支甚多：一爲爪哇族，約三千萬人，居中爪哇。性情和善，行動有秩序，精于小手工藝，多務農。二爲巽達族，約一千萬人，居西爪哇。性情活潑，身體强壯，婦女貌甚美麗，多務農爲生，亦有從事于政治工作者。三馬都拉族，約六百萬人，居東爪哇及馬都拉島。性情粗暴，惟甚勤儉。不善經營工商業，多以漁業爲生。此三族人佔印度尼西亞人中之最多數。四爲岷南加保族，約三百萬人，居蘇島西海岸。性情驕傲，文化甚高，商業在該地可與華僑相抗衡。畜牧業亦甚發達，故經濟甚充裕，爲其他馬來族中所不可及。而女權高于男權，一切財產均歸婦女所有。是又特異于其他馬來族者。五爲武吉斯族：有二百萬人。居西里伯斯島之東南部。性喜冒險。以航海爲業。遠如新嘉坡等地，均有其足跡。六爲峇答族：有二百萬人。居蘇島北部之多巴湖畔。園藝甚發達。惟不愛淸潔。衣服常穿至破蔽。亦不洗換。七爲巴利族：有一百餘萬人。居巴利及龍目島。爲東印度之高等民族。文化甚發達。田園灌漑尤佳。八爲大雅族：有一百餘萬人。居婆羅洲之內地。文化甚幼稚。不知經營商業。多以伐木爲生。巴布安族分爲巴布亞族。有三十餘萬人。居新幾內亞一帶。爲未開化之民族。殘忍好殺，至今此風猶未稍殺。民族既如此之複雜，故其語言文字亦各不相同，且差別甚巨。公元後最初世紀中，羣島之一部分已有印度商人踪跡。尤以爪哇及蘇島爲多。其中有復返印度者，亦有此間樂不願歸去者。于是爪哇人與蘇島間之馬來人，遂有與印度人互通婚媾者。故此二族之語言文字，頗受印度人之影響。羣島之主要民族如爪哇族等，皆已入于農業階段，故其語言文字均已燦然大備。婆羅洲之大雅族，西里伯斯之多拉耶族，以及摩洛加羣島之各民族，則皆度其半游牧生活，故其語言簡單，文字更所不備。其他度漁獵生活者，有新幾內亞之巴布亞族，以及蘇島及婆羅洲之各若干民族。與木石居。與鹿豕遊。生活獉狉。語言嘲哳。蓋完全爲初民形態。故其語言簡單已極。至于文字，則更未成立云。

第二項　外僑及混血種

（一）日本之移民

東印度之外僑，其人數衆多歷史悠久，並佔經濟上重要地位者，首推華僑。吾人當詳述之于第九章東印度華僑之經濟一文中。此外尚有二十餘國僑民，共二十餘萬人。除荷蘭爲其宗主國，其人民商業政治兼理外，其他國僑民則多經營商業。中荷人佔二十一萬人，德人佔六千人，英人佔二千人，日人佔七千人。日人本爲亞洲之國家，因國勢强盛，素爲荷人所畏，故其待遇同于西人，亦處于文明人之列。惟自一九四二年日寇佔領全部東印度後，隨卽大批移民。除政府公務員爲日人外，卽鐵路、輪船、礦務、郵電、教育、報業、農業、工業及商業公司各部門，莫不爲日人所盤據。一九四二年一年中，日寇向東印度之移民，不下三十萬人，而在南洋全部之移民，當在五十萬以上。至于日寇軍隊，尚未計算在內。因此日寇雖已戰敗，而日人在東印度及其他南洋部分之力量，未必不從此而增加。果爾，益以日人狡黠之性情，嗣後不徒爲東印度心腹之患，當亦爲吾僑商業上之勁敵。此則不可不預爲顧及者也。他如阿拉伯人有七萬餘，印度人有三萬餘，此東印度外僑之概略也。

（二）混血種之由來

東印度又有所謂混血種者，卽印度尼西亞婦女與外籍男子混交後所生之子女是也。當十世紀爪哇爲婆羅門教侵入之時代，印度人曾與爪哇人混血。其後回教代之而興，而阿拉伯人又與爪哇人混血。至于吾僑貿易于此者，每多隻身南來雜交在所不免。于是印度尼西亞人中又添中國血。及十五世紀以後，西力東進，而印度尼西亞人中又添盎格魯薩克遜之血矣。華僑與印度尼西亞婦女所生之子女，身材矮小，髮直色黑而光潤，臉寬鼻扁，睛黑皮膚白皙，頗似我國人。西人與印度尼西亞婦女所生之子女，身材高大，髮捲曲色黑不光潤，臉長鼻高，皮膚微黑睛亦黑，僅半似西人。印人與印度尼西亞婦女所生之子女，身材高大，髮捲曲色黑，臉方皮膚微黑，惟男子鬚髮不多。大抵在熱帶地方，無論任何種人與當地婦女所生之子女，其睛與髮均呈黑色，極少例外者。豈其氣候關係之所致歟。

第三節　人口

第一項　一百四十年來爪哇人口之激增

（一）　人口激增之比率

戶籍之調查，爲研究人口問題之要着。在我國雖未有精密之科學方法，但淵源則甚古，周禮有云：「小司徒之職，掌建邦之法，敎以稽國中及四郊都鄙之夫家力比之數，以辨其貴賤老幼癈疾」，故歷代皆有戶籍之編審。至唐武德六年，卽公元六二三年，令天下戶每歲一造帳籍。開元十八年，卽公元七三〇年，勅諸戶籍，三年一造，此爲戶籍之始。在東印度地方當十七世紀以前，其戶籍之調查，實難稽攷。一八〇〇年曾調查爪哇有印度尼西亞人三百五十萬。至一八一五年英人萊佛士任爪哇副總督時，增至五百萬人。十五年間已增加百分之四十三之比率。一八二六年增至五百五十萬人。一八四五年增至九百四十萬人。此三十年間已增加百分之八十八之比率。一八六〇年增至一千二百萬人。一八六五年增至一千四百萬人。一八七〇年增至一千六百萬人。此二十五年間已增加百分之六十三之比率。一八八〇年增至一千九百五十萬人。一八九〇年增至二千三百萬人。一九〇〇年增至二千八百四十萬人。此三十年間已增加百分之七十七之比率。若與一八〇〇年相較，則此一百年間已增加八倍之數。一九〇五年增至三千萬人。一九二〇年增至三千四百萬人。一九三〇年增至四千一百萬人。一九四〇年增至四千八百萬人。此四十年間已增加百分之六十九之比率。若與一八〇〇年相較，則此一百四十年間已增加十三倍又七之數。一九四四年日寇又發表爪哇人數爲五千萬人，編成十七萬零五百六十三保，五十五萬四千零三十三甲，九百三十萬八千餘戶，其繁殖率可謂甚速。

（二） 繁殖迅速之原因

顧其繁殖迅速之原因，據吾人所觀察者，有下列各點：

一 熱帶氣候炎熱，男女發育甚早，通常十一二歲卽已成人，故結婚亦早。

二　熱帶生活甚易。香蕉樹薯，隨處皆是，均可充飢。而氣候無寒冬之苦，簷前露天，均可投宿。故家庭擔負並不艱難。

三　爪哇爲女超社會。女子多于男子之數，常達八十萬人左右。因之男子娶妻爲極易之事，故人民少有鰥居者。益以回教風俗爲多妻制，最多可娶四妻。此亦爲人口繁殖之一原因。

四　婚姻絕對自由，女家無重金聘禮之需索，且夫死而妻亦無守節之惡習，故野合甚易。且禁殺私生子。在東印度民法上，私生子亦具有法律上之地位及權利。

五　衛生行政辦理良善，能預防人民病疫之死亡。蓋東印度地多卑濕，而氣候又屬熱帶性，故百病叢生。其最著者爲瘧疾、瘟疫、白喉、天花、傷寒、熱病等。往往施救不及，瞬息卽死。至于婆羅洲，蘇門答臘一帶之山林瘴癘，更無論矣。每年因病疫而喪生者何止數十萬人。政府有鑒及此，故對于衛生行政異常注意。近年來普及鄉村之種痘，以減少天花之流傳。各地廣設醫院，使病者有所診治。而一切衛生工作之宣傳與設施，以求防患于未然。故成效大著。總計各地之公私醫院，約有六百所。而領有醫校畢業證書之正式醫生亦達一千餘人。

六　荷人統治東印度已達三世紀半之久。雖常遭印度尼西亞人之反抗，執戈起事，但因當地交通之便利，及新式武器之使用，叛亂瞬息卽敉平。故無長期之戰事發生。卒能減少人民之傷亡率。有此六種原因，故爪哇之人口日趨激增。

（三）　東印度羣島人口之總數

再論東印度羣島之人口。當一九〇五年印度尼西亞人有三千七百三十五萬人。至一九二〇年，增至四千八百三十萬人。十五年間已增加百分之二十九之比率。一九三〇年，增至五千九百萬人。十年間已增加百分之二十三之比率。該年人口之調查比較精確。因東印度政府于一九三〇年欲舉行人口總調查，事先由總督曉諭內外島各省政府之長官及人民，並令所屬加以襄助，俾成精確之統計。遂定于九月二十二日起至二十九日止，各省市調查員同時舉行戶口調查。並定十月七八兩日複核調查。由政府下令居民不得出外，並禁止車馬通行。茶樓酒館娛樂場所，亦均停止營業。海軍漁船水手兵營警局，亦一律聽候調查。調查人員于該兩晚均通夜工作。結果調查得東印度人口總共爲六千零五十九萬五千六百七十二人。

東印度人口之調查，本定每十年舉行一次。一九四〇年照例應舉一次調查，以國際情勢不安，未能舉辦。一九四三年據倫敦荷蘭流亡政府之報告，東印度現有人口七千五百萬人，即此十年中已增加一千五百萬人。增加率爲百分之二十七。查東印度人口之增加，頗爲均勻，每年約增加百分之一·五左右。茲將一九三〇年東印度各島人口列後：

爪哇　四一·七百萬人　一　蘇島　八·二百萬人

荷屬婆羅洲	二・二百萬人	摩洛加羣島	〇・五百萬人
西里伯斯	四・二百萬人	荷屬新幾內亞	〇・四百萬人
小巽他羣島	三・五百萬人		

第二項　東印度人口之密度與世界各國人口密度之比較

（一）　東印度人口之密度

一地之能否適宜于人類居住，能否容納多量之人口，雖常受人事之影響，然大部均受制于自然環境，而受雨量之影響尤多。人口密度之分佈爲人類一切活動最後之結果，亦爲整個經濟活動之結晶。東印度雨量豐沛，氣候温和，農作物生長甚易，頗適宜于人類居住，前已言之。故人烟甚爲稠密，其人口密度，每方公里爲三十二人，每方英里爲八十二人點八。但在爪哇，每方公里爲三百十四人點五，每方英里爲八百十六人。此種數字不徒在東亞佔重要地位，即在世界亦佔重要地位。故各國幾無可與之比擬者。有之惟我國之江蘇一省可超出之。以江蘇省人口之密度，每方英里爲八百七十五人，每方公里爲三百三十七人也。在外島，每方公里爲十點七人，每方英里爲二十七人點六。但外島各島間之人口密度相差甚大，故此種平均不能作確定之統計。因巴利龍目島每方公里可得一百七十五人，帝問各島可得二十六人，西里伯斯可得二十二人，蘇島可得十七人，而婆羅洲僅得四人。其最少者爲摩洛加羣島，每方公里尙不足二人。

世界人口密度，爪哇既佔第二位，茲將各國人口密度與東印度人口密度比較如下（每方公里平均人數）：

江蘇省	三三七・〇	爪哇	三一四・五
英國	二八七・〇	比利時	二六五・三
孟加拉	二三四・六	浙江省	二三二・三
荷蘭	二三一・四	日本	一六九・〇
法國	七四・四	馬來亞	四〇・五
越南	三五・七	菲律賓	三五・一
東印度	三二・〇	緬甸	二八・一
泰國	一八・一	匍牙利	一〇・九
巴西	五・六	委內瑞拉	三・〇

（一）其他

印度尼西亞人在昔多不自知其年齡，更不知其出生之年月。自十九世紀東印度政府舉行人口調査後，始有詳細之統計。當十年前東印度曾調査得有男女幼童三百二十五萬人，未成年男女二千零四萬人，已成年男女三千四百四十一萬人，不知實年者十二萬人。査世界各國，其出生人數常多于死亡人數。否則世界必遭毀滅。東印度自亦不能例外。其出生與死亡，成為十與七・三之比率。

爪哇農業發達，都市人口僅為總數百分之四・五。非如英美諸國，都市人超過鄉村人口。如倫敦一城，一九四〇年卽達八百六十五萬人。如紐約亦達八百萬人。東京有六百五十八萬人。柏林有四百萬人。上海有三百五十七萬人。但在爪哇，都市人口達十萬者僅有六處。卽吧城為最多，有五十三萬人，泗水次之，有三十四萬人；三寶壟又次之，有二十一萬人；萬隆及梭羅又次之，各有十七萬人；第六為日惹，有十四萬人。在外島僅有巨港一處有人口十一萬，亦為外島中唯一之大都市。

東印度職業人口，自以農業人口為最多，幾佔其總人口四分之一，並佔其成年男女二分之一。玆據一九三〇年東印度政府之報告，該年有原始產業人口一千四百四十萬人。所謂原始產業者，卽包括農業、畜牧業、漁業、林業、礦業而言。其次為工業，有二百二十萬人，多為輕工業及手工業。再次為商業，有一百三十萬人。為交通業及公務員，各有三十二萬人。為自由職業，有十七萬人。及其他職業有二百萬人。總計東印度之職業人口為二千一百萬人，已佔全人口三分之一之數。

第二章 農林業

第一節 土地法

第一項 東印度土地法之演進及印度尼西亞人之地權

（一）土地法史略

當十八世紀整個一世紀中荷蘭東印度公司統治東印度時代，以府庫空虛，曾出售土地于華僑歐人及阿拉伯人。買主不徒對于該地有完全之所有權，且有徵收地稅課以刑罰等公法上之權利，儼然爲一小朝廷。其後荷蘭政府接管該羣島，又以同樣情勢，出租土地于非印度尼西亞人。至一八三〇年强種制度與此種政策遂告停止。故在一八三九年至一八五三年間，東印度並未有出租土地于外人之表現。但此種國有土地政策與鼓勵西方資本家投資之政策，適相抵觸。因之一八五四年又採用出租荒地政策，是爲東印度有土地法之起始。一八五六年並規定全國土地法之劃一辦法。惟此種土地法，不足以引誘西方之企業家，以其租得土地之時間短促，爲期至多不能超過二十年，而無利可圖也。雖荷蘭資本家對其屬地寄予熱烈之同情，但亦要求政府改變更有效之辦法。因之東印度之土地問題，經二十年之久，成爲荷蘭政治之中心問題。自一八七〇年製訂土地法，此問題遂告解決。該法規定爲求適應企業家之要求，故法律允許政府長期出租國內之荒地于非印度尼西亞人。同時亦允許印度尼西亞人出租其土地于印度尼西亞人。一九二八年東印度政府又組織一土地問題委員會，以研究土地國有政策是否宜繼續存在，或逐漸限制，或加以取消。因反對者大有人在。

（二）公地法令

一八七〇年東印度政府又頒布公地法令。依此法令，凡非私人所有之土地，應劃入公有之區域。即政府得到印度尼西亞人已有土地外之一切土地權。顧印度尼西亞人之土地權何如，此吾人不能不加以研究者。其形式有四種：㈠土地出讓權，㈡佔有權，㈢耕種地產權，㈣耕種權。關于此問題，在印度尼西亞人之習慣法及東印度政府之成文法，有同等之效力。所謂土地出讓權者，其最高權力不在于個人，凡佔有此土地之人，不能自由交割其土地，有時連使用權或居住權亦無有。至于出賣抵押或遺囑給予非村內之人，亦皆在被禁止之列。若其土地得到出賣之允許，則鄉村政府應與之合作。所謂佔有權者，即印度尼西亞人可視其土地爲其所有權而處理之，但有若干之限制。如超越一般之規定，或東印度之習慣法，則不能處理。在法律上並分爲個人土地世襲所有權及社區所有權。一九二七年爪哇之土地，個人世襲所有權佔百分之七十五。所謂耕種地產權者，即指該土地所有者已向官廳註冊而保有一書面契約也。而世襲所有權，其土地原則上仍屬于國有也。謂耕種權者，即由政府給予該土地之居住者，不問其爲印度尼西亞人或非印度尼西亞人之土地所有權。其取得此種土地之方法，自係上述以外之合法手續。

第二項　東印度土地國有與土地租借法

（一）土地國有政策及長期租借地

東印度之土地法雖甚複雜，要以土地國有爲原則，不許印度尼西亞人以外之外國人取得所有權，卽荷蘭人亦屬于土地法上所謂外國人，而不能取得東印度農業用地之所有權。故東印度現行法規之規定，對于印度尼西亞人土地所有權有兩種限制：㈠印度尼西亞人不得以土地所有權移轉于印度尼西亞人以外之外國人，亦不得以土地作爲抵押品，但十公頃以下小面積之土地，得請求官廳許可而處分之。㈡印度尼西亞人所有之土地雖得自由租借，而其租借契約須呈請地方官認可，方爲有效。外國人如欲擭長期租借印度尼西亞人之土地，可請求官廳將其土地編入國有地，並得要求七十五年之長期租借權。此種土地國有制度，對于農業國家之人民，甚有裨益，而于印度尼西亞人資本脆弱及經濟落後，尤爲保護有加。否則外人如能得印度尼西亞人土地所有權，則印度尼西亞人土地將盡爲外人所收買，而其生機亦將隨土地之變賣而消滅矣。

東印度土地法內容複雜，其土地租借法亦因而與衆不同，其最重要者有三：一爲長期租借地，二爲農業租借地，三爲借地。

長期租借地者，爲國有未開墾之地，私人向政府租借，以七十五年以內爲期，且附以墾殖條件，三年以內須墾植十分之一，六年以內五分之一，十年以內三分之一。而每人每次所租借之土地面積，在爪哇不得超過五百公頃，在外島不得超過五千公頃。此項租借權得作爲民法上之物權，可移轉于他人，亦可作爲抵押品。凡欲取得土地長期租權者，須爲荷蘭人或荷蘭居民，或東印度居民，或設立荷蘭或東印度之營業公司。因此外國人欲得長期土地租借權者，須爲東印度之居民；而欲爲東印度之居民者，須依法取得東印度永久居留字。依法取得永久居留字須居住東印度十年以上。但有執行事業上之特別必要者，永久居留字雖因年限而未取得，如欲請求通融時，若政府認爲于公安上無妨碍，亦可提前發給。長期租借地之租費，在最初五年間一律免費。其後在爪哇地方每一公頃須年納費一盾至五盾；在外島地方，每公頃須年納費二鈁至一盾；但通例則爲五鈁。長期租借地之請領方法，爪哇及外島相同。卽先向地方長官提出申請書，並須附有測量圖，或明記位置之地圖。地方長官將一切文件呈送內政部轉呈總督，由總督決可否。關于長期租借地之法規有三：㈠爲爪哇直轄地，係根據一八七〇年之土地法之規定。㈡爲外島直轄地，係根據一九一四年之長期租令，頒布後曾修改二次。㈢爲外島自治區域，係根據一九一九年之長期租借令，頒布後曾修改一次。所謂外島自治區域者，係指亞齊、蘇東、寥內、西婆羅洲、東南婆羅洲、西里伯斯、安汶、帝問、新幾內亞各地而言。長期租借地之地稅極重，其徵收法係自物產賣價總額中扣除管理費、交貨費、維持費、販賣手續費、物產收集費、運輸費、製造費等，而以其剩餘爲評定土地價格之標準。如剩餘額每畝在十盾以下者無稅，在七盾以上者則以七五乘之，所得之數之千分之七五，即爲地稅，故地稅可達淨收入百分之五。

（一）外島新土地政策

外領地價，其直接自政府呈領與私人轉讓者，其間差別甚大。私人轉讓者地價最低爲十盾，最高者爲五十盾，標準價則爲二十五盾。因之欲在東印度領地墾植者每感不易。外島荒地雖多，其宜於墾者，已爲一般人所呈領。而此所呈領之人，又非實在之企業家，不過先他人而有之，待價而沽耳。以致眞實之企業家反不易得相當之土地，其妨害外島之開發實甚大。東印度政府有鑒于此，乃頒布新土地政策，以便于長期租借地之人。若無能力開墾時，即立取銷其權利。茲分述之如下：

㈠由外島各巡撫或州長勸諭確實之企業家向政府請領大土地，先給予一年暫時之許可證書，俟其實地測驗後，再任其選定確定之請願地，依照一九一二年第三六二號法令之測驗規定，在暫時許可期內之地段不得更許予他人。

㈡悉憑各巡撫或州長之意見，用何方法可履前約，但最初之面積，不得較日後之面積過大，又無論何等地段，如預備將有大企業家之請領時，卽不得因前項之規定而許租他人。

㊂暫時許可一年期限之土地各巡撫或州長于必要時可斟酌情形允其延長惟每次延長均以一年爲限。且延長時間，如有其他大企業家欲請領該地時，或暫時有權者不能十分迅速從事測驗，或徒要求延期而無若何財產之犧牲，不過欲把持其優先權時，卽不應許其延期。如有遠隔之地請領人最初卽要求一年以上之測驗時，各巡撫或州長應先請示于中央政府。

㊃測驗期終止後因測定而最初之面積已縮小時，政府應作普通之調查，調查費每公頃纔五鈁。

㊄調查後結果甚佳且預料並無若何困難發生時，卽可依據法令附錄第九七一五號記載之內政部長令第二六條許以租借權。

㊅地方政府未能迅速調查請領地時，得呈請中央政府派特別人員行之。又因欲迅速解除確實請領人各種障礙時，且須與關係部長商議始能達到其目的，則州長應請政府任命以關係各部長官組成之委員會，使實地調查後，卽就地解決，或爲決定其調查結果起見，將建議採用既已提出于各該部長之方法。

㊆爲謀迅速整理請領書起見，當請領時，如在無庸提出測量證明書之地，凡其地圖之應由地契局調查者，可于長期租借權批准後調查之。但註冊時則不可無證明書。

㊇如印度尼西亞人土地被包于請領地段內，以致與印度尼西亞人發生轉讓交涉，各巡撫或州長于必要

時，

得命其僚屬爲公斷人。如公斷不得圓滿解決時，則其土地可以特別條款挿入契約中而解決之。

㈨政府爲再頒發舊長期租借地起見，現方考慮制定便于保留之法規。

㈩除外領長期租借地頒發令第四條第六項規定外，凡請領新土地者，雖調査甚易，亦須徵每公頃五鈁之調査費，僅內政部長得斟酌情形而允其免費。

⑪關于土地法第十八條B項變更之法令，依一九二六年第三二一號總督令，凡總督已得以前條所記載之權能授諸總督認爲適當之巡撫或州長，則長期租借地之頒發亦可因此處置而化爲迅速。

⑫關于長期租借權之消滅，政府決定採用下列之政策：

（甲）其方法已見於土地法，但有特殊情形時，可請示于內政部長。

（乙）不履行種植條件者得取消其長期租借權。

（丙）變更現行種植條件，以三年之內宜開墾二十分之一，六年之內十分之一，九年之內六分之一。

（丁）不繳納地稅或不動產稅者，或最近之將來無徵收之望者，得取消其長期租借權。

（戊）取銷長期租借權應由內政部長提出。

（三）　農業租借地借地及私有土地

農業租借地者，僅限于外島之若干自治區域，但自一九一九年東印度政府頒佈外島自治區域長期租借條例後，農業租借地制度已漸次消滅。此項制度現行區域狹小，已不爲一般企業家所重視。其請領方法與年限與長期租借地同。

所謂借地者，係向蘇丹或印度尼西亞人之領有私有土地者，訂立借地契約，租借一定期限以供農業使用者也。關于借地之法規，在爪哇直轄地，爪哇自治區域，外島直轄地，外島自治區域各有不同。如爪哇自治區域之梭羅、日惹兩特區，其蘇丹擁有廣大之土地，得租借之以供農業用地。其租借人之資格與長期租借地同，而租借期限分爲數種：㈠改造地爲五十年；㈡共有水田二十年，共有旱地十年。公地及恩給地一年；㈢自由領地三十年。至于爪哇直轄地，其租借期公地爲一年，水田三年半至二十一年，旱地十二年。外島直轄地水田爲五年，旱地十年至二十年。外島自治區域水田爲五年，旱地爲十年。

爪哇地方之所謂私有土地者，係舊時代土地制度之遺物。在昔荷蘭東印度公司經營東印度各島之時代，以增加收入關係，曾將數村鎮或一縣之土地完全賣給一私人或一營業公司，不惟在司法上有轉移權利，並與以公法上之所有權。此種土地稱爲私有土地，與現行土地法頗有抵觸。東印度政府有鑒于此，力謀收歸國有。已制定法律，陸續收歸。但殘餘之私有土地尚有五百所，總面積爲八十萬公頃，須四萬萬盾之費用，方能贖回，恐非國家一時財力所能及也。此現存之私有土地，買賣自由，外國人亦可收買之以供農業用地，雖仍爲私有土地，但有臨時被政府收用之虞，故外國人多不願購買之。

第二節　東印度農業之開發

第一項　强迫勞働制乃荷人視印度尼西亞人爲一種財源之政策

（一）十七世紀歐人不爲亞洲人民所歡迎

當十六七世紀之時，歐人之至亞洲者，俱不爲當地人民所歡迎。以其貪得無饜，曾不顧當地人民之利益也。其中尤以荷人爲最甚。荷人之統治東印度也，常以不公平之手段，以謀本國之富裕，而視印度尼西亞人爲一種財源，毫無憐恤之意。故在東印度公司紀錄上，人民之道德物質之文明，以及社會之進化，多未有進步。蓋彼輩之商業唯實主義，實與博愛主義相悖謬。在此期間，冒險精神，鼓勵其追逐財富，勢甚猖獗。神秘如亞非二洲，適爲其獵場。而斯土之人民，又多未開化，稍有違反此等探險白人之要求，即遭屠殺，或抑爲奴隷。十七世紀後半期，東方之所謂西洋人者，殆指荷人而言。以斯時東印度公司之分站，已遍設于台灣日本各地，即在歐洲，荷蘭亦爲一强大國家，商業之盛，海軍之强，舉世界之國，莫之與京。

（二）强迫勞働制之罪惡

十八世紀英國强盛後，東印度公司乃變更其原有之商業政策，而採用農業政策。施行强迫勞働制度，强制印度尼西亞人種植咖啡、胡椒、香料，以搾取其一切財富，而供其所需。稍有違抗，輕則鞭韃，重則殺戮。並禁止印度尼西亞人與他國貿易，以遂其專利之主張。印度尼西亞人處于此種壓迫之下，惟有忍受而已。其後公司以經營之不善，僞造簿計案之發生，職員薪金之短少，致負債四千五百萬盾，遂告倒閉。而東印度遂由公司之權力，轉入于荷蘭王國掌握中。其政策仍本公司所施而行，以取得羣島財富爲目的，以供給荷蘭商業上之最大利益與國家財政上之最高效力。一八〇七年之七人委員會，依舊主張强迫勞働制，而將于印度尼西亞人並未有若何改善。其所異者，僅前時之利益爲股東所得，現爲政府所攫取耳。一八〇八年丹達爾斯將軍任東印度總督，仍採東印度公司之基本惡例，從遠古相沿之强迫人民工作制度，並將其變爲法典，令人遵守。至此人民益苦。尤有甚者，蘇丹與官吏若有所需，則强迫人民供奉。印度尼西亞人爲其本身利益計，遂作極大之呼籲。因之荷人在東印度之暴虐與貪狠，實爲世人所詬病。于是一般歐洲國家羣思起而驅逐荷人以代之。一八一一年英人佔領爪哇後，乃擢升萊佛士爲東印度副總督，而直隸于印度總督明都勛爵之下。萊氏精通馬來語言文字，熟審其風俗習慣，乃廢止强迫勞働制，許各國自由貿易。于是印度尼西亞人大悅，而國家財政之收入亦增至八倍。于是東印度與盛之基礎，遂奠于此。一八一六年英國遵照倫敦條約，歸還東印度于荷人後，荷蘭政府乃派遣專使以研究東印度之經濟及其對策。一八二〇年後，東印度財政之收入，不敷所出，虧累甚鉅。而其公債已達三千萬盾。荷蘭既無力以負擔殖民地之重擔，故不得不急切以謀財政上之補救。于是保守主義之凡登堡伯爵乃應運而任東印度總督。凡氏在此期中一方須接濟荷蘭本國之窮困，一方須維持巴達維亞政府之開支。乃于一八三〇年恢復强迫勞働制，其立法根據以爲東印度土地，向係各地蘇丹或蘇蘇南所有。耕其地者須將其收穫之一部納于官，否則須服一定義務勞役。今東印度政府既爲各地蘇丹之權利繼承人，則印度尼西亞人耕其地者亦當以其收穫五分之二或三分之一納于官以爲賦稅，否則每年應服六十六日之義務勞役。在此種制度之下，爪哇對于歐洲資本家已經開放。凡歐人在東印度開設農場或工廠者，政府即加以奬勵與贊助，並規定僱主可得到大批人民之自由勞働，且在某種限度以內，因工作起見，又可獲得强迫勞働。任何歐人，如有適當之擔保品及證書，即可向政府借得美金四萬五千元之資本，而在十二年之內並不起息。即在最初三年中亦不還本。三年以後，僅每年還本十分之一。而印度尼西亞人必需于最初之兩年供給原料與自由勞働于歐洲之企業家。此種制度，使印度尼西亞人在土地上，時間上，收成上以及勞働上所必需供給者，實超過任何其他剝削方法强迫勞働之產物，其最重要者首爲咖啡，次爲蔗糖。咖啡必于下種後四年方始結實，故在未結實之三年中，印度尼西亞人純爲義務上之勞働而無酬報。及其收穫後，又僅爲政府所收買，給價爲市價三分之一，而不能自由貿易。于是印度尼西亞人經濟大窘。但政府反因是而獲利，此種利益，殖民地政府皆解于荷蘭，而不用以改良東印度之各種事業。一八三三年東印度解於荷蘭之金額爲三百萬盾，閱年增至一千萬盾，一八三六年更增至一千八百萬盾。强迫勞働制施行于東印度已達八十六年之久。總計于此期內由東印度流入于荷蘭之金額爲八萬萬三千萬盾，而荷蘭財政部則驟增四千萬鎊之收入。或曰在東印度强迫勞働制度蓬勃之四十年中自東印度流入于荷蘭之款達四十萬萬盾，其爲害與聯合東印度公司之搜括前後幾成一轍。於是引起印度尼西亞人之劇烈反對，凡氏雖於一八三三年退職，但閱年卽就任荷蘭本國殖民大臣，而對于東印度總督實際上有命令之權。故凡氏在其東印度總督任內所施行之政策，後任總督莫不遵行毋違。一八四五年至一八五〇年間，爪哇發生大飢饉，强迫勞働制遂使人發生懷疑。平情而論，此種制度無論在凡氏以爲如何良善，但實際上使印度尼西亞人所能耕種其本身所需要農作物之時間減少，致影響其生活窮困。而政府僅給以極微之工資，使其爲政府出力所得不償所失。由此可知東印度政府對于印度尼西亞人之福利並未加以顧慮。一八七〇年荷蘭立法會議通過創立自由耕種制後，凡氏之强迫勞働制，卽于一九一五年完全廢止。一八七六年東印度財政當局乃停止解款于海牙。於是向之荷蘭以東印度爲財源者至此始變更其政策。一九〇三年荷蘭政府遂允東印度政府于相當情勢之下保留地方歲入。總之三百五十年來，荷蘭統治東印度，以重農主義之營利政策爲中心。故其各種企業，莫不依存于農業。

第二項　東印度農產品在世界經濟上之地位

（一）　東印度經濟發展之原因

自十九世紀後半期以還，南洋遂成爲適合熱帶商品出產顯著之地方。現正出產若干種熱帶基本農作物極大之百分數。在此等農作物中有一部分來自熱帶美洲。如橡皮及規納，卽爲熱帶美洲之植物。該地現有獨佔世界橡皮規納生產之形勢，並供給世界硬質纖維百分之五十以上。其他熱帶美洲產物，南洋已擁有三分之一，而熱帶美洲僅出產五分之一，其餘之農作物有一部分來自熱帶非洲。幾乎全部之黑白胡椒以及世界椰子四分之三之產量皆來自斯土。東印度及越南共出產世界木棉之總數，菲律賓在實際上爲全部亞巴拉麻之產地，而東印度又爲油棕櫚之重要來源。不僅如此，此一區域又富于錫、石油、鐵、礬土、錳、鎳、金銀等稀有之礦產。

在南洋諸國中，東印度因其產量與種類之多，而列于首位。此一優越地位，在過去七十年中大爲發展。在一八六〇年以前，此等島嶼並不重要。因供給世界市場之出產，需要與世界航線相接近，此乃熱帶島嶼之早期發展成爲歐洲商業中心之根本理由，而與遲緩尚不能完全發展之內陸相異。西印度羣島之地方利益，在昔超過東印度羣島，其原因以歐洲與熱帶美洲距離較近，殖民時期較早，且歐洲殖民于熱帶美洲之內，不得不輸入奴隸之勞力，與首先輸入在爲世界必需之蔗糖農作物，以獲得贏餘利益。因此熱帶之土地，低廉之勞工，西方之資本以及科學管理等之結合，遂建立所謂殖民經濟，而成爲西印度羣島及熱帶美洲之特殊情形。但在東印度方面，歐洲人並未建立一種新生產制度，僅施行强制交付政策，故斯時東印度之利益遠不如西印度。

一八六九年蘇彝士運河開闢後，遂改變世界造成歐洲與東印度間航程之縮短，而歐人東來者益衆，致改變其昔日之情況，企業農園之經營為一種對于東印度羣島相對之發展。其始也或為耕作體系所妨碍，而其迅速之發展則係蘇彝士運河所賜。在十九世紀之前半期，美洲殖民經濟被兩大事變所打擊，奴隸之解放及拉丁美洲國家之獨立，此兩大事變會削弱熱帶美洲生產體系之競爭力量，勞力之供給受奴隸解放之重嚴影響，致歐洲資本家雖小心翼翼於其投資上仍不能獲利。另一方面，東印度可能貢獻西方資本以無比之機會。若殖民地政府對于島國能加以開發，則勞力問題之表現並不嚴重。而殖民地狀況，如能保證投資之安全，及配合改良交通系統，與關于熱帶商品之不斷增加要求，則西方資本之迅速流入，及西方形式之企業，遂說明一八七〇年後，東印度之適當新發展。

在最初若干年中，若干企業均從事于十九世紀傳統之商品，如蔗糖、咖啡及烟草之經營。其後為解答工業上原料增加之要求，遂移向橡皮油棕櫚及硬質纖維之路。同時並注重石油及其他礦產等商品。在一九二〇年時，蔗糖在東印度輸出中佔第一位。其後為石油橡皮，而烟草、茶及椰子亦互爭長短。一九三〇年蔗糖工業在不景氣中衰落後，橡皮及石油遂變成登峯造極之商品。茶蔗糖及椰子之生產品，遂列於輸出貿易上之次要地位。一九四〇年橡皮及石油仍列于輸出之第一二位。

（二）　獨佔世界之若干生產

類別 \ 地名		世界總產量（噸）（一九三六年）	東印度產量	百分數 一九三六	一九二九	一九三九
規納	（生產）	10,995	9,899	90	94	90
胡椒	（輸出）	85,000	78,062	92	69	86
木棉	（輸出）	36,000	27,888	77	73	65
橡皮	（輸出）	869,588	314,855	36	30	37
椰	（輸出）	1,603,873	518,491	32	29	27
纖維	（輸出）	354,055	78,217	22	22	33
茶	（輸出）	383,124	69,578	18	17	19
油棕櫚	（輸出）	1,228,855	209,168	17	5	24
咖啡	（輸出）	1,635,827	95,209	6	6	5
糖	（生產）	29,120,000	592,390	2	11	6
可可	（輸出）	698,282	1,657	0.2	—	—

在國際經濟中，世人皆視東印度爲一原料地，亦爲一投資之殖民地。故東印度在世界經濟地位中，誠不可忽視。而其農產品之豐富，尤有敍述之價值。自東印度施行自由耕種制度後，歐洲大企業家，尤其荷蘭大企業家，遂挾其雄厚資本東來，日謀其利得。數十年來，造成東印度一九四〇年占有世界產額中百分之四十爲樹膠，百分之十一爲糖，百分之六爲咖啡，百分之十九爲茶，百分之九十二爲規納，百分之二十七爲椰子，百分之三十三爲硬質纖維，百分之八十六爲胡椒，百分之二十四爲油棕櫚，百分之七十五爲木棉等農產品之輸出。無怪一躍而爲工業原料之重要國家，爲各國所歡迎也。此種統計年有不同。因世界市場之需要，故時有增減。南洋他國之農產品，皆不若東印度種類之衆與產量之多。即其經濟地位，亦遠居東印度

之下。若馬來亞僅有橡皮一種農產物，若緬甸、暹羅、越南皆同以米見稱，而他無所有。若菲島亦僅有糖椰蔴數種之輸出。遠如美洲之古巴與巴西，一則以糖見稱，一則以咖啡見稱，而他無所有。一九四〇年東印度農產品輸出之價值爲六萬萬盾，然在一九二八年則爲十二萬萬盾，一九二〇年則爲農產品最盛之一年，其輸出價值爲十七萬萬盾。一九三九年東印度原料輸出中農產品佔百分之六十九，礦產品僅佔百分之二十六，其他僅佔百分之五而已。

（二） 東印度農產量與世界總產量之比較

玆將一九二九年至一九三九年東印度農產量與世界總產量之百分比比較列如上表：

第三項 印度尼西亞人農業與外人農業之區別及其投資

（一） 印度尼西亞人農業之發展

東印度農業分印度尼西亞人農業與外人農業兩種。所謂印度尼西亞人農業者，爲印度尼西亞人本身日常生活之需，所種多爲稻、玉蜀黍、椰子、胡椒、咖啡、樹薯等。其農業爲個人所有，規模甚小。但以農民之多，與夫耕鋤面積之大，故其生產量亦極鉅。以爪哇一千三百萬公頃農田面積中，印度尼西亞人農業卽已佔八百萬公頃。且其生產品之市價變動極小，爲安定經濟之有力要素。于此可知其有不可輕視之地位與任務。蓋爪哇之農人爲其自身之家庭或當地市場糧食之供給，必使其農業能應其生活之所需，遂造成糧食高度之生產。在此種情勢之下，對於輸出之生產，僅能佔適當之比例。惟有糧食超過所需時，方種其他生產品。在爪哇方面，常與稻輪流種植一季即可收成之農產品，如烟草落花生荚及玉蜀黍等。或更植其他多年之生產品，如椰木棉及茶之類。但後者常種植住宅區內，或植于道旁，或植于不適宜于種稻之田野中，或其阡陌上。由于人口之迅速增加，故在各種輸出農業中，印度尼西亞人農業所有者之比率，有漸趨增加之傾向。其中尤以外島爲甚，實爲可異之事。但吾人必須注意所有農產品中百分之二十五之印度尼西亞人農業，完全爲蔗糖工業衰落之結果。其次則爲政府保護及鼓勵當地糧食出產之政策使然。此種政策之高明，在最近經濟不景氣期間，獲得證明。雖然各種商品價格之下跌，帶來不少之損失，但並無影響居民養活其本身之能力。

在外島方面，其情形則大相懸殊。基本原因，一爲人口稀少，二爲荷人正集中其注意力于爪哇。越過爪哇外面之多數羣島及其附近之馬都拉巴利龍目等島，其農業爲一種變更不定之種植業，爲一種原始七地相對繁華之表現。其所有勞力，能在村中獲得工作。故在西方企業中，既無須爲工資而工作，亦無此必要而工作。因此之故，在外島任何大規模之西方企業中，必須以輸入勞力爲前提。雖然印度尼西亞人並不希望如此，及直接捲入此種企業漩窩中，但彼輩已深受西方經濟侵略之影響，同時亦知利用此新機會。

土地豐富與勞力及資本之相對缺乏，遂使外島之印度尼西亞人走向商業之農業之路。于是印度尼西亞人開始種橡皮，因其經營無需資本而割液之事又係家庭中所爲。遂造成印度尼西亞人之橡皮，成爲與企業橡皮之同樣好原料。橡皮之種植區域，首先創於蘇門答臘東海岸，同時迅速發展于全島，其後及于婆羅洲。在印度尼西亞人之橡皮中，百分之六十來自蘇島，但大部分則來自廣闊之蘇東平原。而其所餘者，則來自婆羅洲。尤其爲加布斯河流域及尼加拉巴里托東南。

至于椰子，爲衆所週知，在種植上並不須多加注意，而其植區亦極易廣拓，以適應生長之所需。羣島之於椰子，到處皆爲其美滿之自然環境，而其主要產地則在羣島之東部及中央區域。因蘇島注重于橡皮之生產，遂使西里伯斯摩洛加羣島及小巽他羣島成爲椰子之大產地，佔輸出量百分之五十五，而婆羅洲則佔百分之十五，廖內羣島亦爲羣島西部之椰子重要輸出區域。他如咖啡玉蜀黍烟草及各種香料，亦多由外島輸出，但並未佔重要數字。

因人口稀少與不集中，致此種商業上之農業，產生由資本上獲得相對高額之歲收。但對如印度尼西亞人半自足之社會則並無多大意義。所可注意者，目前爪哇蔗糖工業之萎縮，使印度尼西亞人之收入大爲縮減。據目前形勢，在外島之印度尼西亞人，較爪哇之印度尼西亞人更有機會提高其生活水準。在羣島氣候乾燥部分，對于大規模商業上之農業，不大適宜。此所以西羣島部分較東部羣島更爲發達也。

（二）外人農業之發展

所謂外人農業者，爲歐人以鉅大資本所經營之企業農園。所種多爲蔗糖、橡皮、烟草、茶、咖啡、油棕櫚，規納及硬質纖維等。其農業無異于工業，以利得爲目的。故其經營亦科學化及商業化。雖然西方企業農園在羣島一切部分中皆佔有同樣之資本額，但在爪哇與外島間却有極大之差異。因爪哇經濟較外島更爲成熟，故外島之新種植事業則較爪哇爲大。當一九三九年東印度有外人企業二千四百零二所。其面積爲二百四十九萬五千公頃。其中百分之四十八屬于種植事業。此種種植事業之土地，雖僅佔東印度土地總面積百分之零點三，而其生產品之價値却佔農產品輸出價値百分之六十三。在西方資本及科學管理之企業總數中，爪哇佔有一千一百八十二所。其面積爲一百零七萬四千公頃。其中百分之五十七屬于種植者。在外島則有一千二百一十九所。其面積爲一百四十二萬公頃。其中百分之四十二屬于種植者。

橡皮與咖啡，橡皮與茶，規納與茶之聯合種植，在爪哇極爲平常之事。但在外島則顯然較專門化，多種植一種生產品。其中有四百五十二所橡皮園，四百三十六所椰子園，三十七所烟園，三十五所咖啡園，二十四所茶園，二十所油棕櫚園，二十四所其他企業園。然亦有一種企業中種植多種生產品者。其原因則爲分散受損失之危險。爪哇在企業農園上種着十二種不同之生產品，卽橡皮、茶、蔗糖、咖啡、烟草、木棉、規納、西沙爾麻、椰子、龍舌蘭、茨坎達拉麻等。但在外島則僅種植六種，即橡皮、油棕櫚、椰子、茶、烟草及咖啡。然在此必須加以說明者，西沙爾麻爲日趨重要之生產品，橡皮在爪島則爲一種新來之植物，在外島爲一種佔優勢之農業企業。佔耕地百分之六十三。次之爲油棕櫚，佔耕地百分之十七。再次爲椰子，其面積較諸爪哇尤多。此三種農作物需要勞力較少，而前二者又能生長于各種不同之土壤上。

蘇門答臘爲爪哇外面最卓越之種植區域。此處距歐洲最近，其廣闊之東海岸平原，與馬六甲海峽相望。此海峽位于馬來半島之種植地帶之側面之另一邊。西方在蘇島活動中樞爲東海岸，其主要吸引力爲其肥沃之土壤。至其西海岸現已有顯著之變化。肥沃之土地，雖在山地亦然。一片稠密而富于精力及有農業天才之人口，經長時間之荷蘭統治，以及良好之運輸系統，遂造成各種商品之旺盛。萌古連山地，以及巨港南榜區域，皆極宜咖啡及茶之種植。他如座內及占碑區域，至今僅貢獻一部分之生產。婆羅洲亦復如是。就婆羅洲島中無火山而論，除種植橡皮及椰子而外，是否有機會爲其他商品開闢市場，尚屬疑問。

（三）　印度尼西亞人各種農業與外人各種農業之比較

外人農業在今日東印度之生產與管理上爲極重要之種植業。但吾人必不可以爲外人農業爲其世界市場之供給，對于印度尼西亞人之農業有取而代之之勢。在爪哇方面外人農業佔農產輸出之大部分，但在外島，印度尼西亞人農業，却供給半數以上農產之輸出。故外島現在農產之輸出，較諸爪哇尤多。茲將四十六年來爪哇與外島農產輸出之價値及百分比列如下表：

年別	爪哇 價値（百萬盾）	爪哇 百分數	外島 價値（百萬盾）	外島 百分數
一九四〇	二三七·二	四〇	三五五·八	六〇
一九三九	二二七·七	四六	二六七·三	五四
一九三八	一八二·二	四三	二四三·八	五七
一九三七	二三一·〇	三五	三二九·〇	六五
一九三三	一五三·〇	五〇	一五三·〇	五〇
一九二八	七一四·五	五八	五二二·五	四二
一九一三	二七二·四	六五	一四六·六	三五
一八九四	一二六·三	八二	二七·七	一八

一八九四年外人農業與印度尼西亞人農業爲八十九與十一之對比。大戰發生之前一年爲七十六與二十四之比。一九三七年進而爲五十四與四十六之比。一九四〇年復爲六十三與三十七之比。茲將四十六年來東印度外人農業與印度尼西亞人農業之價値及百分比表列于後

年代	企業生產 百萬盾	企業生產 百分比	印度尼西亞人生產 百萬盾	印度尼西亞人生產 百分比
一八九四	一三七	八九	一七	一一
一九一三	三一九	七六	一〇〇	二四
一九二八	七九四	六五	四三三	三五
一九三三	一八一	五九	一二五	四一
一九三七	三五六	五四	三〇四	四六
一九三八	二五六	六〇	一七〇	四〇
一九三九	二九八	六三	一九七	三七
一九四〇	三七四	六三	二一九	三七

茲將一九三七年東印度之印度尼西亞人各種農業與外人各種農業之百分比表列于後：

農產品	外人農業	印度尼西亞人農業
橡皮	51.2	48.8
胡椒	—	100
玉蜀黍	—	100
咖啡	33.2	66.8
椰	5	95
油棕櫚	100	—
糖	100	—
茨	20	80
茶	82	18
烟草	91	9
規納	100	—
纖維	100	—
其他	7.9	92.1
共	53.2	46.8

再將一九三九年及一九四〇年印度尼西亞人各種農業與外人各種農業之產量表列如下：

農產品	一九三九年（噸）		一九四〇年（噸）	
	外人農業	印度尼西亞人農業	外人農業	印度尼西亞人農業
咖啡	58,319	55,000	39,276	38,371
橡皮	193,623	184,964	279,739	266,282
規納	12,391	—	16,371	—
烟草	35,019	3,984	20,796	6,618
茶	69,866	13,298	68,213	13,773
油棕櫚	243,683	—	241,702	—
蔗糖（公噸）	1,562,462	—	1,587,364	—
米穀（公噸）	—	6,500,000	—	7,000,000
椰（公噸）	—	520,000	—	500,000

（四）爪哇與外島生產之比較

在東印度各島之間，爪哇仍爲農業輸出最大之生產者。但其卓越之地位已因外島興起而被削弱。爪哇方面農產物之價値，經常高于外島之總和，直至一九三二年爲止。自此以後，其關係卽告逆轉。爪哇商業上之農業受不景氣之損失，較諸其他各島更爲嚴重。從斯時起卽表現極少恢復之可能。第一次世界大戰與第二次世界大戰之前一年比較，爪哇出產品之價値，較諸一九一三年尤低。在不景氣之時，外島生產品之價値，並不低于一九一三年之水準。爪哇蔗糖工業之險惡衰落無疑地爲其主要影響。但其他農作物亦顯然下降。

作爲原料輸出者之爪哇相對之衰落，其原因實爲近四十年來無機礦產之開掘，大爲着重。因多數礦產及油田之發現，皆在外島，故今日爪哇與外島之地位已互易。

在一九二〇年爪哇蔗糖輸出之價值，佔總輸出百分之四十八。但在一九四〇年僅佔百分之六。相反方面，橡皮石油錫之聯合輸出價值，則從總輸出百分之二十七升至六十六。

（五）外人企業之投資

外人在東印度企業之投資，雖有龐大之數量，然其精確之數字，則不易調查。蓋任何投資數量之估計，均包括于推測之中，而且常爲近似者。因企業之經營，吾人必須承認若干損失與再投資之利益，但此種情形，實非局外人所能加以判斷。因此之故，估計在東印度外資數目之意見殊不一致。一九一三年共投資總額爲二萬萬盾。二十世紀之初三十年，東印度之外國資本顯然增加。一九二九年東印度之四十萬萬盾投資中，內荷蘭爲二十六萬萬盾，英國三萬萬七千萬盾，美國二萬四千萬盾，法比共一萬二千萬盾，德意日各佔千萬盾。蓋荷人以宗主國之關係，慘淡經營三百年，無怪其投資佔大多數也。英人以所屬馬來、緬甸、印度、澳洲與東印度爲鄰，且曾一度佔領爪哇，故關係甚深。一九二九年東印度農業之投資已增至二十一萬萬盾。內蔗糖佔八萬萬盾，橡皮佔七萬萬盾，茶佔二萬萬盾，咖啡一萬萬三千萬盾，烟草一萬萬二千萬盾，油棕櫚九千萬盾，硬質纖維四千萬盾，規納二千五百萬盾，椰子五百萬盾，其餘十九萬萬盾爲礦業及其他各業之投資。即礦業佔十二萬萬盾，交通佔八萬萬盾，一九三九年東印度之投資額增至四十八萬萬盾。內三十五萬萬盾爲私人企業投資，十三萬萬盾爲地方政府投資在私人三十五萬萬盾投資中，荷人佔二十三萬萬盾，卽佔三分之二。華僑佔三萬萬五千萬盾，卽佔十分之一。我國僑民在東印度數達三百萬，經濟勢力甚雄厚。其投資多在商業，而農業尙居其次，然尙擁有此鉅額。若加入八萬萬盾之商業投資，則共有十一萬萬五千萬盾之多。然若將黃仲涵一人之遺產計算在內，當不止此數。黃氏在爪哇有糖王之稱。當其最盛時，其資產已達十三萬萬盾至十六萬萬盾之多，稱爲東亞之首富，爲世界第十三位之大富翁。其資產滿佈于歐美及東亞各國。黃氏故後，其遺產仍擁有八萬萬盾之鉅。是黃氏一人之資產已等于東印度全體華僑之財富。其餘屬于外國團體之投資。在政府十五萬萬盾資本中，荷人佔百分之八十二。又據西人之統計，在荷人與出生于東印度之華僑投資中，十五萬萬盾屬于農業企業，五萬萬盾屬于石油礦業，二萬萬五千萬盾屬于交通事業，四萬萬盾屬于工藝事業。

在爪哇方面，大多數投資屬于種植事業，但爲荷蘭資本所獨佔，尤以蔗糖種植事業爲然。但在後期發展之外島方面，則爲外人企業上之聯合事業。尤其在富庶之蘇東地方，有一種大規模之美國種植事業之建立，給予橡皮飛躍之發展。而英國之企業則有貢獻于茶出產之發展，而法國與比利時之資本則爲油棕櫚種植事業擴大之重要因素。據估計，在蘇東僅有百分之五十四之私人資本屬于荷人。

外資在石油方面握有重大利益，正如其在橡皮方面。然美孚回根公司係紐約袭登美孚油公司與紐約美孚回根公司之分號，握有東印度百分之四十之石油業。在一九三六年，其財產值七千萬金元（約合一萬萬四千萬盾。）英國之石油業，係表現于皇家荷蘭殼牌公司之中。通過此集團握有暢銷于東印度中之分號百分之四十之資本。英國在油產地之精煉及運輸上之投資，約有二萬萬四千萬盾。雖然在晚近七十五年中，荷人對外資之態度較諸其他列强殖民地爲良好，然而門戶開放政策之意義，並非所有國家資本皆有平等之機會。荷蘭資本在總額中之大量股份，指出母國之投資有其特殊利益。其原因，一部分歸諸歷史之理由。一部分歸諸國家之政策。

荷資之優勢，在政府發行公債上更爲顯著。公債已經作廣泛波動。在不景氣之年迅速高漲，而在繁榮之年則下降。在一九三〇年約爲十三萬萬盾。其中百分之八十操諸荷人之手。其餘則爲英人美人及其他投資者。政府公債一部分用以淸償債務，一部分用以建設公共事業。以改善交通港灣之便利及田園之灌溉等。又資本常從現行歲入中獲得供給，或被再投資于各種國營事業所得利潤之供給。東印度政府年來在此方面之活動力，殊堪注意。佔有東爪哇之麻栗樹林，西爪哇之規納園，及鐵道鹽場煤石油錫礦等。在一八七〇年前，事實上所有西方型式之生產皆爲政府之專買品。其後私人資本雖曾參加，但政府却保持一種重要經營之機運。一部分由于傳統之原因，另一部分則因私人資本不願擔任某種任務所致。

自一九三〇年世界不景氣以還，政府之勢力迅速增强。其得助于統制私人工業之關係，較諸擴大其直接所有權之範圍爲大。當然此種發展爲一種世界趨勢之局部發展。在政府放棄獨佔政策以後，自由貿易遂大爲抬頭。因之增加國家資本之供給，而現在已隨政府之統制新形勢而宣告終結。然是否有益于國家，東印度是否適合于此種新經濟政策之環境，則有待于未來之證明。

一九三九年大戰後，東印度之礦業甚爲發達，故礦業投資增至十二萬萬盾。一九四一年更增至十三萬萬盾。同時以戰時工業須造成東印度之自給自足之關係，故小工業輕工業甚爲發達。資本總共約有二萬萬盾。而大規模工業亦復被迫興起。新投資約有二萬萬盾，加上舊投資約有三萬萬盾，總共工業投資爲五萬萬盾。卽一九四一年東印度之五十萬萬盾投資中內農業爲二十一萬萬盾，礦業爲十三萬萬盾，交通業爲九萬萬盾，工業爲五萬萬盾，其他事業爲二萬萬盾。若加上華僑之商業投資八萬萬盾，則東印度之外人投資，當在五十萬萬盾。以地方言，爪哇外資之總額百分之八十二爲荷蘭資本，百分之十八爲其他外國資本。外島外資之總額百分之五十六爲荷蘭資本，百分之四十四爲其他外資。

第三節　東印度林業之今昔

第一項　林業法及其管理

（一）東印度林業法之演進

林業之利益，關係于地方甚大。可以保持山中之水分，以免水災；可以供泉流，以免旱災。故森林之斫伐，務須有時。一方斫伐其老樹，一方卽宜增生其幼樹。必使其供給無窮，爲不斷之生產。在昔東印度公司時代，僅以斫伐爲目的，而不知保林造林。曾于强制栽培制度中規定蘇丹有斫伐一定數量柚木送往指定地點之義務。一八九〇年政府始公布山林保護法，嚴厲管理各山林。除一部分消費者經特許後得採伐外，餘均置于山林局監督之下行之。局設局長，其下有十一視察，一百二十三助理，是爲上級官吏。更設一百六十五技術員，二千零七十三林工及林警。是爲低級職員。至其工作之分配，則分設計研究及管理三處以處理之。一八九七年乃製定林業法，規定森林先測量，分爲區域。初以二千五百公頃至一萬公頃爲一區，後增至一萬五千公頃至三萬公頃爲一區。每區以富有林科知識之大學畢業生管理之，冀以發展林業。是開拓之權完全移歸政府。林業之區尤注重道路，以便運輸。一九二八年東印度火車之供林業用者，已達一千八百公里。一九三四年爪哇森林禁伐地爲一百八十萬公頃，外島則爲九萬方公里。

第二項　東印度林業在世界市場之地位

（一）　林業佔世界第四位

世界林業以赤道附近及高緯度地區爲最盛。但森林本爲原始之生物，陸地除極寒冷之冰漠，缺乏水分之草原沙漠以外，餘悉爲森林地帶。其後以農業進步，凡適宜于農業之區，森林面積，逐漸縮小，甚至砍伐殆盡。此實人類進步之事。蓋森林愈少之地方，其農業必愈進步，而其人口亦愈發達。現全世界森林面積仍佔陸地面積百分之三十左右。東印度地處赤道雨林帶，高木參天，長藤蔓草，種類甚多，有一萬萬二千四百公頃，佔全世界森林面積百分之七，居于第四位。第一位爲蘇聯，有九萬萬五千萬公頃。第二位爲加拿大，有三萬萬公頃。第三位爲美國，有二萬萬公頃。東印度林業以外島爲最盛，且多處女林。據歷年之調查，外島森林面積有一百二十萬方公里之大，佔外島總面積百分之六十八。卽在爪哇亦有三百萬公頃之森林。于此可想見其林業之盛。

（二） 東印度林業概況

爪哇之林業，多產于中爪哇部分，爲政府所經營，所產以麻栗樹著名。其次則爲雜木林。麻栗樹又稱柚木樹，與中南半島所產者，同爲木材之上品。柚木樹極巨，往往有高至四十公尺，周三公尺者。質極堅硬，東印度鐵路上所用之枕木，卽以此爲之，不須向美國購買。現在爪哇之柚木林分爲三十六管理區。雜木林分爲十八區。各區置管理官。外島森林歸地方政府管理，分爲十三林區，亦各置管理官。自治區域則歸蘇丹管理，但須受荷人之監理及幫助。外島森林多係私人經營，每人可租八百餘英畝之地，租期爲三十年。須納租稅。所產種類在東南婆羅洲之森林，百分之五十爲鐵木，蘇島南部完全爲鐵木，其他各島百分之八十爲樟木、鐵木，又名枕榔子。樹高十五公尺至五十公尺，直徑爲四十公厘至八十公厘。質極堅硬。其木似檳榔而光利，故名桄榔。以其堅硬，故名鐵木。凡鐵路工程多用之。上海南京路所鋪之大道亦卽以此鐵木爲之也。樟木高數十尺。木材細密灰白。至老則堅硬，帶褐色。其老幹環紋雲樣，爲影木，可爲建築造船之用。其樹片又可製樟腦。外島之林業因有數大公司經營已告失敗，故不甚發達。在家內及蘇島望加麗地方，華僑有採伐木材權。經營之者資本雖小，然年來已砍伐四十萬立方公尺之木材。初多在海濱及附近河流區域，近已向內地發展。東印度每年輸出外國之木材，約三十萬公噸，值五百萬至七百萬盾。

第三章 外人農業

第一節 銷路日滯之爪哇歐人蔗糖業

第一項 爪哇蔗糖業發展之經過

（一）糖業之起源

甘蔗為亞洲之原產。在爪哇之甘蔗，則來自我國印度或阿拉伯。當晉安帝義熙十年，高僧法顯過爪哇時，卽見其地有甘蔗。故其年代甚古，約在一千餘年前。爪哇之蔗糖業，在昔多為華僑所經營。當一六三六年，東印度總督凡得門獎勵蔗糖業，增加砂糖入口稅由百分之五增至百分之十，以為提倡，並令聯合公司在巴達維亞附近設立糖廠。糖業始以工業之姿態出現。閱年華僑糖商楊昆復有大規模之製糖計劃以呈總督。總督允其請，並減少內地生產稅十分之一，以示鼓勵。于是其他華僑糖商多援例受優待。一七一〇年巴達維亞一帶有小糖廠一百三十所。華僑卽佔百分之九十以上。且深入產蔗之內地，以求擴充。其後聯合公司以糖產量增加于己不利，乃下令限制，規定每廠不得超過三百公擔。爪哇蔗糖業因以衰落。一七四五年糖廠減至六十所。一七七九年再減至五十五所，共產糖十萬公擔。其中屬于歐人者二十二所，屬于華僑者三十三所。今日歐人挾其鉅大資本東來，以科學方法經營蔗糖業。一九二四年在爪哇一百八十一糖廠中，華僑僅佔十二所。其餘一百六十九所均爲歐人所經營。一九四〇年華僑在爪哇之糖廠，更愈趨愈下矣。在爪哇八萬萬盾糖業投資中荷人佔百分之四十二，其他歐人佔百分之二十七，華僑佔百分之二十六。

（二）　糖業發達之原因

爪哇糖業之發達，實由于强迫勞働與自由耕種兩種制度。一八二五年東印度總督吉喜尼以爪哇產業之不振，乃先前聯合公司之獨佔政策及土地所有權之不能確定所致。遂以莫大之土地售于歐人，使闢爲農園。併令其設立于人口稠密之地，予印度尼西亞人以勞働機會。一八二五年出口糖已達一萬公擔。一八三一年增至六萬公擔。一八三〇年凡登堡繼任總督，因鑒于荷蘭母國財政之拮据，與東印度政府放出之農業貸款勢不得不謀迅速收回，而西印度及中美方面關于農產品又發生有力之競爭，致東印度物產之價格因以跌落，而爪哇通貨復不敷用，乃恢復聯合公司之强迫勞働制。而印度尼西亞農民，遂不得不以其耕地之一部專種歐洲銷路之物產如蔗糖咖啡等。而爪哇之糖業遂收歸國有。又爲維持印度尼西亞人之糧食起見，並規定此等面積不得超過全村地面五分之一，且其所需勞役，不得較多于耕種米穀所需之勞役，而以地方村長指揮之，以荷人官吏監督之。所謂間接統治也。至于納入官府之物產，若其評價多于舊時稅額，則其超過額仍還諸農民。按强迫勞働制度下之咖啡、茶、香料等物，其性質與蔗糖頗異。咖啡等收成後，可直接取諸農民，而糖則需加工製造，不若咖啡之簡易。于是政府乃與糖廠訂約，使備一保證，然後由政府假以資金，而取其製造品。初僅華僑糖商接受。及利益顯著後，歐人始仿而行之。斯時糖業雖甚發達，但東印度政府自一八三七年至一八四五年間，不特未受其益，且損失國庫一千萬盾。蓋入官之糖，初未明白規定其品質。一八四二年始規定入官之糖爲總產額三分之二，且其品質須爲一號白糖。于是除挽回損失之國庫外，每年並可獲利五百萬盾。一時西歐之糖業，已爲荷蘭所獨佔。

（三） 放棄壟斷政策

一八五七年設立糖業調查委員會，查悉爪哇大小糖廠，幾盡使用强迫勞役。一八七〇年及一八七二年荷蘭議會乃製定東印度之土地法及糖業法，不許東印度政府再事擴張官辦蔗園。自一八七九年起，每年應減少種植面積十三分之一。一八九一年後，東印度政府不得再經營蔗糖業。于是民營糖業之基礎始臻穩固。此外又規定不得印度尼西亞人之同意，不得使用其耕地五分之一以上之面積。而印度尼西亞人所出讓之土地及所服之勞役，得要求相當之報酬。即一般企業家亦得自由處分其物產。此等法律公布後，自由耕種即開始。于是糖產額大增。一八八二年爪哇甘蔗不幸遭萎縮病之蔓延。該病最初發生于井里汶，隨後遍及全島，致爪哇糖業幾瀕絕滅。後經學術界之努力，採用人工交配法及糖廠直接經營種植事業，病害遂告消滅。爲防止此種災厄之發生，及減低生產費用，糖廠必須設法自營蔗園，使全部原料自給。同時將科學研究之結果，實地應用。自廢止强迫勞働制度後，印度尼西亞人不喜種甘蔗，寧願種其所需要之五穀，使生活上不發生困難。此亦糖廠不得不自行經營蔗園之原因。

（四）蔗糖之勁敵

一八六〇年至一八七五年間，歐洲蘿蔔糖業發達迅速。法德等國政府競以免稅及輸出獎勵金，保護本國之糖業。于是蘿蔔糖遂成爲爪哇糖業上之勁敵。一八八三年世界糖量生產過剩，市價慘落，致爪哇有關之糖業公司及銀行，瀕于破產者甚衆。金融陷于混亂。後由拓殖銀行出而整理之。爲使節省生產費用，改良蔗苗，必須研究栽培方法。乃于各地設立試驗場所，及組織糖業聯合會。而政府亦免除出品稅，減低運費。于是垂危之爪哇糖業遂告穩定。一八九八年美西戰爭發生，古巴成爲戰場，糖量銳減。美國乃向爪哇購糖。爪哇糖業因以復興。及美西停戰，古巴及菲律賓糖業已入于美人之手。一九〇三年美政府對古巴糖成立特惠關稅，對菲律賓糖入口有不納稅之規定，而爪哇糖遂喪失美國之市場。卽在遠東方面，亦因台灣糖之激增，又受莫大之打擊。從此爪哇糖業乃專注于印度及英屬各地市場，以收桑榆之效。一九〇二年比京砂糖協定成立後，以前加于蘿蔔糖之人爲之保護，已失效用。爪哇蔗糖遂可與歐洲蘿蔔糖在同等條件之下，馳騁于世界之市場。及第一次世界大戰發生，歐洲蘿蔔糖停止製造，爪哇糖業遂成爲天之驕子。其價格昂貴于一時。徒以交通不便，輸出困難，致貨如山積。糖價因以慘落。此業頓成崩潰之勢。于是爪哇糖商協議組織糖業公會，決定糖價，凡加入公會之糖商，均須依照公會所定價格出售。該會成立後，成績甚佳。爪哇糖百分之九十皆由其經手販賣，直至糖公局成立後，始改變其情勢。

（五）生產限制

大戰後，歐洲蘿蔔糖重振旗鼓，各國政府復予以援助，產量大增。遂使蔗糖業國家陷于苦境，尤以執世界蔗糖業之牛耳古巴爲甚，而爪哇蔗糖業亦因之不振。一九三〇年古巴代表乃往荷京與爪哇糖商簽訂減低生產協定。一九三一年蔗糖國家又與蘿蔔糖國家在比京簽訂限制砂糖輸出協定。參加者先後有古巴、爪哇、德國、波蘭、捷克、匈牙利、比利時、南斯拉夫、秘魯等國。限制糖業輸出，以圖減少存貨，提高價格。並由參加國之代表組織國際砂糖會議，以監視協定之實施，且計劃參加國之利益。徒以協定未規定銷路，及未參加之國家大事增產，故對于世界供給之調節，未有若何效果。一九三一年世界不景氣之結果，遂使爪哇糖業益趨尖銳化。東印度政府乃于一九三二年公布砂糖管理法，施行輸出限制政策，由政府分配，以五年爲期。故一九三三年爪哇糖業完全置于政府管理之下。其後政府以未能得到預期之成績，又于一九三六年公布砂糖生產法令，統制法令，延長管理期間，法令輸出及輸入法令故在此期間，爪哇之糖業大爲縮減。既失去其若干世界主要之市場，而其價格又降至恐慌前四分之一。卽由一九三〇年四十八萬英畝之面積，降至一九三六年之八萬八千英畝。糖廠由一百七十九所降至三十五所。產量由三百萬公噸降至五十七萬公噸。一九三七年由國聯召開之十一國國際糖業會議在倫敦開會，獲得各產糖國及輸出國之合作。共同支配世界糖業市場。該年爪哇種蔗面積增至二十萬英畝，糖廠增至九十五所，產量增至一百四十萬公噸。此後三年中續有增加。故一九四〇年之種蔗面積爲二十二萬英畝，糖廠爲九十七所，產量爲一百六十萬公噸，已爲一九三六年之二倍半。茲將年來爪哇糖產量表列如下：

一九四〇年	一、五八七千公噸
一九三九年	一、五六二千公噸
一九三八年	一、三七六千公噸
一九三七年	一、三八〇千公噸
一九三六年	五七五千公噸
一九三五年	五一〇千公噸
一九三四年	六三六千公噸
一九三三年	一、三七三千公噸

一九三二年	二、五六〇千公噸
一九三一年	二、七七二千公噸
一九三〇年	二、九一六千公噸
一九二五年	二、二六一千公噸

第二項　甘蔗栽培法

（一）甘蔗之種類及糖業試驗場

爪哇甘蔗之種類甚多。歐人及華僑所種者多爲黑井里汶種，其莖紅色或褐色。印度尼西亞人所種者，其莖多白色。昔歐人亦種白色者。因受害蟲甚烈，遂由法屬馬達加斯加島英屬新西蘭及美屬夏威夷等處。輸入新種，以供試驗。然均含糖量甚低，加以改良，亦不收效。其後始由蔗糖專家採夏威夷種與異種配合，蓄爲新種，結果甚佳。其莖色黃高七八英尺，周約三四英寸，卽今日爪哇遍地所種之蔗苗也。

蔗苗宜培養于拔海一千英尺之高地。成苗後，始分給各糖廠。爪哇之蔗苗試驗場有三處。岩望之蔗苗，供給于東爪哇之糖廠，沙拉笛戈之蔗苗供給于三寶壠之糖廠。萬隆之蔗苗，供給于井里汶及梭羅一帶之糖廠。此種試驗場，在糖業上貢獻甚大。聘有化學專家與農業專家，以討論製糖問題。並將研究所得，傳播于全爪哇，而其所傳播者，不僅關于農業科學方法之知識，且關于機器及化學處理法之種種有價値報告。糖廠之廠長每日聽取廠內各部主任關于所出糖之性質報告後，卽將其情形轉達于試驗場。若糖廠所出之糖，並未達到最高之標準時，則試驗場必請廠方尋求其困難之所在，然後派專家爲之指導，使其成功。爪哇糖以研究之成功，其產糖率進步甚大。一九〇四年每公頃產糖一百十六擔。一九二五年卽增至一百四十七擔。夫每公頃產量之增加，卽生產費之減低，及對外競爭力之擴大，在經濟上至關重要。此一般企業家所極重視者也。

（二）栽培法及糖業法規

甘蔗之栽種，以赤道南北三十五度間之地爲宜。故爪哇與菲律賓最爲適宜。但拔海一千二百公尺以上之地，不適宜于甘蔗之栽種。雨量平均需要一千五百粍。土壤宜帶粘質，泥沙混合者亦佳。蔗田須在平谷之地，如種烟草然，使其易于灌漑，而不受氣候變動之影響。尤適宜于種稻之地區。但因種糖事業過于發達，致影響印度尼西亞人之糧食。因之政府乃限制租地于種糖公司，卽三年間兩年種稻，一年種蔗。蔗田亦不宜于連栽，必隔兩三年方種一次，否則其收穫不佳，而糖量少。故對于政府之限制租地政策，並不受影響。爪哇種蔗之區，多在東中二部，西部甚少。甘蔗繁植之方法，在蔗園所用者多爲揷苗。以爪哇之蔗園每次收穫後，必須翻動土地故也。栽種期間，係從四月起至九十月止。在旱季種植後，至雨季因獲得豐富之雨量，成長甚速。及至再入旱季，受强烈日光之照射，卽可刈割，爲時已達十三月。然後運往工廠。故新糖之上市，每在四月下旬至七八九月出貨最多。至十一月全部製糖事業遂告完畢。爪哇之糖廠，並兼營蔗園，前已言之。故一公司之蔗田面積，往往在數千英畝以上，資本常在四五百萬盾。故能運用科學方法以謀蔗田之改良及灌溉之完備。如安姆斯特丹公司之椰帝羅多蔗園，其面積已達一萬四千英畝。每日所出之糖，常在八千擔至一萬擔，其規模之大，於此可見。

關於爪哇之糖業法規，在此亦有敍述之必要。如工廠法，其目的爲保護印度尼西亞人，以免因製糖廠之擴張或新設而受損害。故此等工廠之擴張或新設時，必取得內政部長之許可。卽其使用土地之面積，亦受限制。又其選定土地，更須經總督之批准。如租地法，載明租借印度尼西亞人之土地時，期間可達二十一年，但地租至少在五年以內，不得低于總督所定之最低租金。所謂最低租金者，乃以印度尼西亞人種稻之收穫爲基礎而計算者。以前僅以收穫額爲基礎，現並加上農民之工資估價以計算之。如禁止糖廠向農民自由購買甘蔗法，其目的爲掃除廠方預先將金錢付給農民之弊。

第三項　爪哇蔗糖在世界市場之地位

（一）　世界糖業概況

糖業在世界已分成蔗糖與蘿蔔糖兩大類。蘿蔔糖產于歐美大陸，而蔗糖則散布于全世界熱帶圈內。故蔗糖約佔世界糖業銷路百分之六十三，而蘿蔔糖則佔百分之三十七。約成二與一之對比。一九三八年世界蔗糖產量約一千八百萬公噸。蘿蔔糖約一千萬公噸。此蓋由于蔗糖之栽培較易成本較低廉；而蘿蔔糖之播種與耕耘較繁，成本亦較昂貴也。

世界蔗糖重要產地爲印度之恒河流域。其地北受喜馬拉雅山之屏蔽，氣候濕熱，均極適宜，故其產量爲世界第一。徒以人口衆多，消費量甚大，致不能有出口。古巴爲世界蔗糖產量第二位國家。因人口稀少，消費力弱，故輸出反居于世界之首位，而有左右世界糖業之趨勢。東印度地處熱帶，尤適宜于蔗糖之滋生。產量雖居世界第三位，但在輸出方面則佔世界第二位，境內人口雖多，每年消費三四十萬公噸之數，仍有鉅量之輸出。他如台灣、巴西、菲律賓、澳洲、波多利哥、夏威夷、阿根廷、亦爲重要蔗糖產地。就氣候而論，赤道非洲亦適宜于甘蔗之栽種，尤以幾內亞灣一帶爲甚，第以其人口稀薄關係，勞工不易，致未能有成績。茲將一九四〇年世界蔗糖產地之產量列後：(單位千公噸)

印度	二、八〇〇	古巴	二、七〇〇
爪哇	一、五八七	台灣	一、二〇〇
巴西	一、二〇〇	菲律賓	九二四
澳洲	九〇〇	波多利谷	九〇〇

夏威夷　八〇〇　阿根廷　五〇〇

（二）爪哇糖業之價値

爪哇糖業在世界市場旣佔重要地位，若以世界糖業情勢而論，如一九三七年全世界蔗糖及蘿蔔糖共產三千一百四十萬公噸，而爪哇蔗糖則產一百四十一萬公噸，佔全世界糖產總量百分之四・五，並佔蔗糖總量百分之六・六。一九四〇年東印度輸出貿易中蔗糖仍佔第四位，値五千萬盾，但其首三位橡皮、石油、錫之大量輸出多在外島，爪哇僅佔少數，故蔗糖業實有左右爪哇經濟之趨勢。當其最盛時爲一九二〇年之一年，輸出價値達十萬萬盾，幾已佔其總輸出價値之半數，因該年輸出貿易總價値爲二十二萬萬盾。爪哇旣位于西南太平洋上，然環顧太平洋四周之國家，皆爲產糖區域，故其銷路實成問題。一九二九年爪哇糖輸入印度者値一萬萬三千萬盾，佔對印輸出總額百分之九十二。至一九三六年降至四百萬盾，而今日印糖已達自給自足程度，故爪哇糖大受打擊，年僅輸印値百餘萬盾。至其輸入香港及我國方面，一九二九年値七千萬盾，一九三七年降至八百萬盾。一九四一年因中日大戰及歐洲大戰之關係，日本此時已外于糖業之競爭，造成爪哇糖輸出之一良機。此乃出乎一般預料者，蓋斯時遠東糖市興旺，因上海糖商懼遠東時局將有嚴重之轉變，多不肯拋出，故交易甚少而價格上漲。但爪哇方面能迎接此種需要，則須視有否船位以爲定。不幸該年一二八日本掀起太平洋大戰後，爪哇糖業愈趨愈下。總之爪哇糖業之黃金時代已成過去，未來之發展，當有待于人爲之努力也。

第二節　與馬來平分春色之東印度橡皮業

第一項　東印度橡皮業發展之經過

（一）紅橡皮

橡皮吾國人通稱之爲樹膠或橡皮。在南洋之閩僑，稱之爲樹梘或樹乳。粵僑稱之爲樹榕。在緬甸之滇僑，則稱之爲黃果漿。東印度原有野生橡皮，卽所謂紅橡皮者，亦稱格達膠，爲木本。其化學之構成，與樹膠無異。所異者僅無彈力，及能溶于適當之溫度耳。南洋羣島及中南美澳洲均產之。中以東印度爲最。種植紅橡皮之最大困難問題，厥爲種子之難得。以紅橡皮樹非十五年後不生種子，而種子經過二禮拜後，卽失發芽效力故也。紅橡皮之用途甚廣。其最重要者，則爲用作海底電線之絕緣體。一八四三年始入歐洲，一八四七年德國西門子廠用作地下電話線之絕緣物。不久卽認爲海底電線不可缺少之絕緣用品。海底電線之發達，紅橡皮厥功甚偉。今世界海底電線長二十四萬英里。每英里需用上等紅橡皮六十八磅半。而伐十五齡至三十齡之紅橡皮一株，產量猶不及一磅。是世界海底電線之敷設，最初卽已耗用紅橡皮樹二千萬株。海電耐用期平均爲四十年。故每年用于新陳代謝之線，亦五十萬株。而修繕與擴張尙不與焉。則東印度紅橡皮之可貴已可見一斑。其次可用爲外科之綳帶護傷具及哥爾夫球等。但此種紅橡皮在東印度今日種植者並不多。其產地爲蘇島東海岸州。一九三五年輸出爲二千公噸。多銷于英國。以英國領土遍世界，其間之聯絡，全繫乎海底電線，故經營紅橡皮業者亦多爲英人。

（二） 巴拉橡皮移植史話

一八五五年輸入巴西之昔阿拉橡皮以爲栽種之用。一八六四年又移植印度橡皮。一八七六年復移植墨西哥橡皮。但均無良好成績。今日南洋所種之橡皮，稱爲巴拉橡皮者，卽來自南美巴西之種子也。按巴拉爲南美巴西國之海口，鄰近于亞馬孫河下游。南美各國如巴西、玻利維亞、秘魯、及其他熱帶美洲，均爲生產橡皮之區。中以亞馬孫河及奧林諾哥沿岸之森林地爲最盛。而巴拉則爲橡皮主要輸出港口。亞馬孫河口三角洲土地，尤爲橡皮生殖繁盛之區。因該處氣候非常均一。年溫平均在八十度。每日之差，自七十五度至九十度不等。雨量年爲八十吋至一百二十吋。極適宜于橡皮之滋生。巴拉橡皮之傳入南洋也，其歷史至今不過七十年，而其產額已十倍于原產地。當南洋橡皮業未發達以前，巴西政府視橡皮爲至寶，嚴禁種子出口，得之殊非易事。十九世紀中葉，橡皮用途增强，銷路益廣。凡有橡皮園者無不成爲鉅富。因之巴西之橡皮園遂被濫行採液，以求獲利，致橡皮樹日形減少。識者憂之，于是栽培之議遂起，時英國畿輔王家植物園園長伍克爾，首先向政府建議，請栽植橡皮，遂被採納。一八七二年英政府乃派遣愛登堡之植物學家哥林斯初赴巴西搜得苗本六株，植于加爾各答植物園內培植成功，此爲東方有橡皮之始。一八七三年利物浦商人克羅斯至巴拿馬又獲得苗本一千八百株，植于畿輔皇家植物園及錫蘭植物園內，但未獲得顯著之成績。一八七六年印度政府派亨利威漢爵士，始以研究熱帶植物學爲名，深入亞馬孫河流域，私集種子七萬枚，藏于船底偸運出境，植之于畿輔王家植物園內，成苗二千八百株。此卽今日南洋各地橡皮樹之母也。初送錫蘭馬來亞各地種植，在錫蘭揷活之橡皮苗計二十三株，在馬來亞計二十二株。一八八三年又移植于爪哇茂物之大植物園內。一八八六年又分植于澳洲之昆士蘭。一八八八年更種植于太平洋中之斐支羣島。一八八九年復移植于西印度之牙買加。一八九一年始植于舊德屬東非洲及南洋之婆羅洲。一九〇一年又植于蘇門答臘，旋又移植于西里伯斯。最初試驗期間，生長甚速，雖液量較他種橡皮爲少，但可不斷採液，且因切傷之刺激而生產加多，而其製造與凝固又甚易，栽種亦甚易，故最爲經濟而有利。橡皮種類甚多，南洋所種者多爲護謨種，以別于野生之紅橡皮，故亦稱農園橡皮。農園橡皮一九〇〇年僅有五千畝。一九一〇年突增至一百二十五萬畝。一九二〇年更增至四百二十五萬畝。一九三六年達八百五十萬畝，一九四〇年爲五百萬畝。至其產量，一九三六年全世界橡皮有百分之五十三爲農園橡皮，百分之四十七爲非農園橡皮，卽當地人民之野生橡皮。

（三） 栽培法及採液法

橡皮屬于大戟科高六七丈美麗之喬木也。喜種于傾斜之地，以其可以自然排水，而土壤不致為水侵蝕。過高或過低均不宜。土壤以稍帶粘性為佳，否則乳質少。若其地為森林地帶時，則須先伐木，掘其根，焚之，繼而耕鋤數次，使成熟地，然後移苗于此。橡皮之繁殖，以接芽及駁枝二法為最佳。前者即以此樹之幼芽接于彼樹；後者即以母樹之枝駁于他樹，使轉生新樹。由此種方法所生長之橡皮，常較由種子繁殖者為成功。以前者每英畝每年可產膠量一千磅，而後者則僅得其半數。橡皮性喜溫暖，在生育期中須有熱帶之氣候及二千粍至二千五百粍之雨量。故其產地祇限于熱帶地方。通常每英畝植百株。昔有多至二百株者，以成績不良，知不可密植，今減為五十株。種後之重要工作為除草。當樹齡尚幼時，間隔內多種鳳梨、西穀米及豆類等，以減輕成本。如達採液年齡時，則不能再種，以免妨碍膠液之生育。橡皮植後第五年即可採液。初時出液不多，迨樹齡漸長，則液漸增。十齡以上之樹，每英畝年可出液五百磅。如土壤貧弱之區，則出液二百磅。特別良好之區，則可出液七百磅以上。但每樹平均約出液三磅。十年至十五年間為產液最盛時期。以後繼續採液，可至二十五年或至三十年。自此以後，須將老樹斬伐，再種新樹。採液方法，割時將由地四英尺左右高度之樹皮切開，割口由左至右成三十角度，長為本樹圓周三分之一或四分之一為宜。採液須于黎明時，因該時樹根蓄液最多，否則紅日已出，則液漸行蒸發矣。採液工人每日須割二百五十株至三百株之樹。亦有能割至四五百株者橡皮每日均須採液。自其採液之初，以至于枯死，日無間隔年無間隔誠有價值之生產也。割時液質滲出如乳狀以杯承之于割口之下約三小時乃止。收液入桶，運入園內附設之製膠室。入以適度之水併加醋酸或硫酸或明礬少許。俟其凝固後，乃以轆轤機展之成薄片，卽可出售于市。膠片分燻烟膠片，縐紋膠片及混合膠片三種。其所以烟燻者，以烟能防腐，可不致發霉之故。

（四）橡皮與國際關係

橡皮爲最易受經濟影響之國際商品，但在昔並不爲人所重視。一九一〇年爲南洋橡皮園勃興時期。該年以世界汽車數突形增加總數達四千萬輛以上，而車胎須由橡皮製造，故橡皮事業之發達，實與汽車工業之發達有密切與連帶關係。未來之世界，爲重工業之世界，橡皮之需要日多，價格暴漲，栽種者無不獲利，致種者益多。時值爪哇之咖啡市況不佳，原種咖啡者，咸改種橡皮，而外島植橡皮者亦因以激增。卽在赤道下之國家，無不有橡皮之經營。但東印度之供給橡皮于世，實爲後進國家。以其自英國施行限制政策于英屬馬來後，始有大量之輸出。當一九二二年時，英屬馬來所產之橡皮占全世界百分之七十五，而東印度所產者尚不足百分之二十五。今則東印度之橡皮突飛猛進，已與馬來平分春色。其中經過，殊有敍述之價值。先是歐戰以後，橡皮事業發展過速，存貨堆積，價格慘落。每年生產約四十萬公噸，而存貨又有三十萬公噸，合共七十萬公噸。但世界所能消費者，僅三十萬公噸，佔總數百分之四十三。而其餘百分之五十七，無法消售，致市價紊亂已達于極點。英政府鑑于此種情勢，乃成立一橡皮問題委員會，調查產銷情形。結果實行史蒂芬孫限制計劃。自一九二二年至一九二八年六年間限制生產，使存貨減少，以保持原有價格。中雖數度邀請東印度政府加入，均被拒絕。其所持理由，則為東印度橡皮業之發達，較馬來為後。値此正趨向于隆盛時，驟加限制，恐足以阻其發展。且東印度橡皮生產費用較馬來為廉，膠價雖跌，東印度並未感到痛苦。加以政府正奬勵印度尼西亞人種植橡皮，今忽又加限制，則印度尼西亞人當無所適從，而于荷人統治上有所不便。一九二五年世界景氣忽然回復，東印度各種農產之價格亦均看漲。橡皮業自亦趨于繁榮，該年橡皮輸出之價値達五萬萬九千萬盾，已凌駕爪哇糖業而上之，佔東印度輸出貿易之首位。其所以如此者，茂勿橡皮試驗場實有莫大之貢獻。該場為研究及指導機關，內分三部：㈠化學部，研究膠質內部之性質，如化合及凝結之方法，並品性質之劃一等。㈡植物部，研究以科學方法選種與夫解剖學生理學上之特殊性質。㈢農業部，收集材料而處理之，統計之，以及施肥割膠等。

（五）　歐人橡皮業與印度尼西亞人橡皮業異同之點

一九二九年世界不景氣來臨，消費減少，生產過剩，迫使橡皮市價崩落。一九三二年橡皮業完全陷于絕境。由一九二五年每半公斤一盾七鈁五仙之價格，降至一九三二年八仙之價格。但生產過剩之內面，吾人不能忽視印度尼西亞人橡皮之增產，此種增產實具有最大困難之性質。當東印度政府獎勵印度尼西亞人種植橡皮事業時，亦爲橡皮業鼎盛之時。故印度尼西亞人多屏棄他物注全力于橡皮之種植及價格低落後，仍繼續生產。期以生產增加之利益抵償低落時所受之損失。東印度橡皮業，分歐人橡皮業與印度尼西亞人橡皮業二種。所謂歐人橡皮業者，爲歐人之大企業。其橡皮園多在蘇島東部及爪哇兩地。面積爲九十萬英畝。所謂印度尼西亞人橡皮業者爲當地人民所種之小橡皮園。多在蘇門答臘及婆羅洲兩島面積爲三十萬英畝。印度尼西亞人之橡皮多作塊狀含水分及夾雜甚多，通常在百分之三十以上。如不經新嘉坡之絞膠廠加工製造成爲綢片或氈片，卽不能出口，以其臭味甚大及甚汚濁也。印度尼西亞人之橡皮，每英畝常種二百株。當樹齡已達第六年及第八年時，卽開始採液。採液時于離地五十公分之樹皮割成V字形。每日採之。至半年後，此五十公分處之樹皮卽全被割盡。然後再割其餘之半周，亦半年而盡。此後則向上再割，但液量已漸減。又一年後第二採液部位告罄後，乃復還採第一部位。爲求液量增多起見，割法遂不拘形式。隨處加以刀琢，使傷口愈多，則出液亦隨之增加。故經過二年後，樹皮遂完全枯竭而不復用矣。一九三七年歐人橡皮園之產額爲二十四萬六千公噸，佔總產量百分之五十一點二；而印度尼西亞人橡皮之產額爲二十三萬四千公噸，佔總產量百分之四十八點八。一九四〇年歐人橡皮產額爲二十八萬公噸，佔總產量百分之五十點九；而印度尼西亞人則產二十七萬公噸，佔總產量百分之四十九點一。故印度尼西亞人橡皮之勢力實不可侮蔑。東印度歐人橡皮之投資爲七萬萬盾。但印度尼西亞人之種植橡皮，幾無金錢之投資，僅費少許之勞力，欲其限制生產，不啻毀滅其利益。

（六）國際橡皮限制協定與戰時橡皮需要驟增

一九三四年國際橡皮限制生產之需要更加迫切，遂由英、荷、法有關係國家經長期協商，締結國際橡皮限制協定。是年東印度政府對于印度尼西亞人之橡皮，課以特別輸出稅，以資統制。此種稅收若以一般預算之通常歲入處理，則其影響將爲不公。因之東印度政府遂宣佈由橡皮特別資金委員會保管，原則上須用于種植橡皮區域之印度尼西亞人之福利事業。輸出稅實行之後，至一九三六年所收之稅款，已達八千萬盾以上。至一九三九年其中八分之五用于橡皮區域之土木工程及印度尼西亞人之福利等事業。然此種政策僅爲一過渡時期之措施。一九三七年終于促其廢止，而對于歐人橡皮則頒布各種條例，行個別限制。一九三六年東印度橡皮所課之輸出稅，竟達國際高價六分之五，卽每公噸市價爲五百四十盾，而其輸出稅已達四百五十盾，于是政府開始實行全部個別之統制，而于數月內數百雇員在專家指導之下，踏破印度尼西亞人各島種植橡皮之大平原及森林地帶，不及九月工夫八十萬以上印度尼西亞人所有之農業均已實行登記，並將其分組以便于決定標準比額之進行。至年終，全部行政機構均已籌備就緒，並發給個別許可證，與歐人橡皮園立于同一基礎之上。

一九三六年東印度橡皮園完全停止採液者，計達四百十二所，面積六萬公頃。一部分停止採液者，計四百九十三所面積十五萬公頃。

一九四〇年荷蘭爲德國攻佔後東印度之原料卽無銷售市場故其農產品如蔗糖、椰子、咖啡、烟草之輸出，均受打擊。獨橡皮之需要，因戰事之急需而增加。是年橡皮輸出佔總輸出百分之四十，共五十四萬公噸，値三萬萬三千萬盾美國購買三十三萬公噸値二萬萬盾，佔橡皮總數百分之六十一。一九四一年四月間，運至美國之橡皮佔全部百分之六十。

（七） 戰後荷蘭對東印度橡皮之處理問題

東印度既陷敵手數年，則其橡皮企業之被掠奪與摧毀，已毫無疑義。惟戰後荷蘭對斯地橡皮之處理問題如何，不可不加以研究。據一九四四年荷蘭殖民大臣宣稱由于英、美、荷三國在倫敦作探討性質談話之結果，三國政府卽將對戰後之橡皮問題，作連續不斷之非正式討論。由三國代表組成之非正式橡皮研究會，將于適當之時期開會，以討論天然橡皮人造橡皮及翻新之舊橡皮之生產製造及應用而發生之普通問題。惟對于戰後橡皮問題之一切可能解決辦法，雖將儘量加以考慮但該研究會並無意作成決議僅保持各國進行之聯繫。

根據荷屬東印度橡皮研究院主任豪尼博士之意見，天然橡皮與人造橡皮均將在戰後世界中佔重要地位。此兩種不同之出產，將在不同之範圍內發現其用途。豪尼博士于一九四四年前往澳洲製定計劃使東印度已解放區域之橡皮工業得以復興，並籌得資金以設備及生產東印度橡皮資源儲藏量百分之二十五。彼並指出東印度人民依賴橡皮生產爲生活者爲數甚衆，因之迅速恢復此項工業更爲必要。彼計劃于荷蘭本國恢復自由後，返國以便招集大批專家以改進橡皮之生產與發展其用途。其後豪尼博士由澳洲及東印度已解放之區往美，並云荷蘭政府對于橡皮之生產及貿易將予以管制。此管制之新機構，定名爲橡皮中心，將由東印度若干重要橡皮組織之經理共同管理之。其中包括蘇東橡皮工業聯合會，橡皮協會及出口業商人協會等。該組織將在全部東印度解放以前，即在東印度人民代表政府組織以前，繼續擔任此項工作。該組織將由經理三人管理。該經理等將于荷蘭本土解放以後，自有領導資格之專家中選擇任命之。此乃希望各專家將有必需之資格，以使該組織有調和之發展。各經理對于該組織之指導必須得到東印度政府之允諾，而東印度政府將由經濟事務處以負起監督該橡皮中心之責任。

第二項　東印度橡皮在世界市場之地位

（一）　世界橡皮產量與美國需要橡皮

東印度橡皮業既與馬來平分春色，則世界橡皮之市場，已爲此兩國所獨佔。吾人苟一研究一九三九年全世界橡皮之生產，即可知之。其產量如下：（單位千公噸）

馬來	三八三	東印度（一九三九年）	三七九
		（一九四〇年）	五四六
越南	六六	錫蘭	六二
暹羅	四二	北婆羅洲	三六
印度	一六	巴西	一二

橡皮之國際市場，以倫敦橡皮交易所爲中心。該所爲橡皮同業公會所組織。在紐約亦有橡皮交易所。在南洋產橡皮區域，則有巴達維亞、新加坡、哥倫坡橡皮交易所。橡皮之出傳，皆有標準之品級。茲將四十年來全世界及東印度之橡皮貿易量表列如下。由此表即可知東印度橡皮地位之重要。

年別	全世界產量	東印度產量
一九四〇年	一、三九一千噸	五四千公噸
一九三〇年	八二二千噸	二九六千公噸
一九二〇年	三四二千噸	
一九一〇年	九四千噸	
一九〇〇年	四四千噸	

再將十年來東印度橡皮產量表列如下：

一九四〇年	五四六千公噸
一九三九年	三八三千公噸
一九三八年	三二二千公噸
一九三七年	四五二千公噸
一九三六年	三一三千公噸
一九三五年	二九九千公噸
一九三四年	三七八千公噸
一九三三年	二八七千公噸
一九三二年	二一二千公噸
一九三一年	二五四千公噸

世界工業中最需要橡皮者，莫若車胎工業。美國汽車工業劇烈發達以後，橡皮之銷費量甚大，已使該國在世界橡皮市場佔最重要之地位。據調查百分之七十五用于車胎零件百分之十用于機器上之皮帶百分之五用于靴鞋，百分之十用于其他各物。一九一〇年至一九一四年平均輸入爲九千萬金元。一九二六年至一九三〇年平均輸入爲二萬萬九千萬金元。一九三一年至一九三五年因橡皮價格下落平均輸入爲七千萬金元，但數量並未減少。一九三六年爲一萬萬六千萬金元。一九三七年增至二萬萬五千萬金元。一九三九年爲一萬萬八千萬金元。一九四〇年因擴大軍需工業之關係，需要橡皮更多，是年輸入橡皮之價値達三萬萬二千萬金元，已突破歷年橡皮輸入之紀錄。至其輸入量，由一九三九年之四十八萬六千噸，增至一九四〇年之八十一萬噸。至其消費量，一九一〇年尚不過三萬八千噸，一九一九年增至二十一萬五千噸，一九二八年增至四十四萬噸，一九三九年更增至五十九萬噸，一九四〇年又增至六十五萬噸，一九四一年之十個月中，復增至六十六萬噸。

因軍需工業之消費橡皮，較非軍需工業爲大，如一艘戰艦，需要七萬個車胎所用之橡皮；一輛二十八噸之坦克車，需要一百二十四個車胎所用之橡皮；一百一十噸之浮橋，需要二百六十個車胎所用之橡皮；一架七十五生的之大砲，需要一百七十五個車胎所用之橡皮。今美國成千成萬之軍艦下水，以及無數之坦克車及大砲之製造，其需用橡皮之多，其他任何一國所不能及。

（二） 東印度橡皮之與美國

至于東印度橡皮之輸出，一九一七年僅爲五萬公噸，一九二二年增至十萬公噸，一九二九年爲三十二萬公噸，一九三四年爲四十七萬公噸，一九三九年爲四十二萬公噸，一九四〇年爲五十四萬公噸。至其價值，一九一〇年至一九一四年平均爲二千萬盾，一九二五年至一九二九年平均增至四萬萬盾，一九三〇年至一九三四年平均降至八千萬盾，一九三七年回復至三萬萬盾，一九三九年爲二萬萬盾，一九四〇年爲三萬萬三千萬盾。東印度既有如此鉅量橡皮之輸出，而美國又爲橡皮車胎之重要工業地，故美國實成爲東印度橡皮最重要之顧客。一九三〇年東印度輸入美國橡皮之價值七千萬盾。一九三七年爲一萬萬一千萬盾。一九三九年爲九千萬盾。一九四〇年增至二萬萬盾。夫美國既不生產橡皮，而其汽車工業又如此發達，需要橡皮甚多，則將來美國在東印度之政治與經濟力量，必佔主要地位也無疑。

（三） 廢橡皮與人造橡皮

橡皮需要既增，因之美人常利用其廢橡皮即已用過之橡皮從事製造。如橡皮價格大漲時，則利用廢橡皮之百分數益大。一九二二年曾利用百分之十九之廢橡皮。一九二七年增至百分之五〇•八。一九四〇年則減為百分之二九•三。但在英國由一九三四年至一九三九年僅及百分之八至百分之九。美國如充足利用廢橡皮時，每年可出產三十一萬五千噸。廢橡皮不如新橡皮之處為缺乏伸張力與抵抗磨擦力。

橡皮既為英荷兩國獨佔其生產，于是未生產橡皮之國家乃製造人造橡皮以代之。人造橡皮係德人于第一次大戰末年所發明。一九三五年德國重整軍備後，在自給政策之下維持其生產。而蘇聯亦因無天然橡皮之故，遂成為人造橡皮生產第二位之國家。意大利則以酒精為人造橡皮之原料。美國則以油類提取人造橡皮。

人造橡皮優于天然橡皮之處，為其與油或水類接觸時，抵抗膨脹力較大。在陽光中或高熱度時，其抵抗爆裂力或抵抗毀壞力亦較大。但其亦有不如天然橡皮之處，如伸縮性缺乏，在低溫度下柔軟性較少，不耐負荷汽車之重載，且其製造之費用較天然橡皮為多。德國所造者常較高二三倍。美國則為二倍。故美國在戰前，在南美及南洋大量投資農園橡皮，而不注重人造橡皮。及一九四二年日寇佔領整個南洋後，對美國百分之九十八之橡皮供應已告斷絕，遂不得不加緊擴充人造橡皮之生產量。一九四二年已成立人造橡皮廠四家，為國防工廠聯合會所主辦，每年產人造橡皮四萬噸。其後並預計增加產量至三倍之多。

且人力可戰勝自然。二十五年前，橡皮尚爲若干熱帶區域之獨佔品，十年前世界任何部份皆能大量生產橡皮，熱帶產區僅依靠成本低廉之一優點，以保障其地位，但至現在，世界橡皮生產反以人造橡皮爲主。吾人實無理由以相信橡皮將回返舊日之情況。蓋在十年之前，人造橡皮之生產，已經達到相當之程度。如果以同等之工資爲標準，成本竟比天然橡皮低廉。當時蘇聯之橡皮工業，用一英畝地種植馬鈴薯，所製成之酒精，足够製造六百五十磅左右之橡皮，而一英畝之橡樹，每年僅能生產橡皮三百二十磅左右，而且生產馬鈴薯或其他製造酒精材料之方法，比種植橡樹之辦法更迅速，其產品更富于彈性。因橡樹需要若干年方能長成，在橡皮市場有所波動時，亦不能改作他用。當時人造橡皮廠之一工人所生產之橡皮，約等于一橡樹種植園之工人所生產之二十倍左右。即令加上製酒精員種植馬鈴薯及穀物所需之勞工，製成人造橡皮所需之勞力，仍比天然橡皮少。目前人造橡皮之生產已大有進步。有一僱用一千八百工人之加拿大工廠，去年所產橡皮量等于十四萬種植工人所產之總量。而且人造橡皮生產之效率及數量，仍在繼續增長。一大規模之天然橡皮工業，在戰後只有利用嚴緊之人爲控制方法，方能在人造橡皮之激烈競爭下存在。但此種情形不易于做到，因消費大量橡皮之美國，其生產天然橡皮之設備甚少，但却生產大量之人造橡皮。東印度及馬來亞之橡皮種植業，如果欲在公開市場與人造橡皮競爭，必需再減低其工人生活水準。但此亦不可能，因南洋農園工人之生活已够悲慘。此殆天然橡皮之厄運也。

當一九三九年大戰發生前三月，美國卽開始儲存橡皮，其儲存量可敷戰時一年之用。一九四〇年夏季乃成立橡皮儲備公司，爲美國國內唯一之橡皮儲備機關。同時生產管制局復公布一管制法令，以減少國內其他和平工業之消費。因此美國一年中可儲存六十萬噸之橡皮。

第三節　後來居上之東印度歐人茶業

第一項　東印度茶業發展之經過

（一）茶種由我國傳至爪哇

東印度原不產茶。一六九〇年總督康菲斯以茶與咖啡同爲飲品，對于經濟上甚有價値，首先提倡種茶。一六九六年茶種遂由我國輸入。一七二八年聯合公司以我國茶銷行歐洲，獲利甚厚，乃派員四出調査爪哇能否種茶，及其發展程度。經縝密考慮後，認爲確有可能性，遂獎勵民間栽種。一八二五年政府派遣德人凡西波爾德向日本長崎訂購大批茶種（以凡氏爲日本通也），並移植于茂勿，但建立東印度茶之基業者，爲荷人雅可孫。氏于一八二八年至一八三三年間，向我國訂購各種茶種，爪哇茶由此逐漸發達。一八三五年境內種茶已達五十萬株。一八三二年又向我國聘請大批製茶師至爪哇工作。一八三八年吧城業茶者，又以我國製茶法製成大批茶葉。中以運輸困難，由茶園運至廠方製造需時三月，致品質變劣。在此二十年中，基于此種情形，故茶商莫不虧累甚鉅，而無法與印度茶競爭。一八六〇年乃停止官營。一八七八年手工製茶法逐漸廢除，而代以機器製茶法，茶之品質因以改進。

（二）　印度茶種之移入

一八三〇年印度阿薩密地方發見新茶種，卽以阿薩密茶名之。據云該種茶較我國茶似適合于歐人口味，且產量多。阿薩密茶之移植于爪哇也，始于一八七二年，至一八七八年始奏膚功。因斯時自由耕種制度成立，爪哇農園勃興，種茶公司有如雨後春筍，而阿薩密茶種又極適合于爪哇之栽種，故茶業大盛。一八八二年士甲巫眉農業協會成立，對于爪哇茶業之改進，貢獻甚大。一八九〇年又派員赴印度錫蘭等產茶地方學習，以資改進。一九〇五年政府成立茶葉鑑定局于茂勿，以改進茶葉品質。一九一〇年又移該局于吧城，以便茶商之輸出。一九一一年政府提倡在蘇門答臘植茶。一九二八年爪哇茶生產面積達二十萬英畝，產地中心爲渤良安、茂勿、萬隆三地。產額約五萬公噸。蘇島達五萬英畝。

（三）　國際茶業限制生產協定

一九二九年後東印度茶業，同受世界不景氣之影響，市價狂跌。又因紅茶之輸出額雖減，而我國與日本之綠茶反形增加，結果紅茶乃愈趨愈下。一九三三年印度錫蘭爪哇三產茶國，遂簽訂國際茶業限制生產協定，有效期間五年。于是東印度茶業之危機始得安然渡過。一九三八年此協定繼續有效五年，其組織亦形强化。根據印度代表之建議，各國之投票者，改爲政府之代表。但不幸東印度在此期間，已遭受日寇之侵略，而其茶業亦已被摧毀無遺矣。考帝國主義之經濟侵略政策，殖民地之農業或工業，以不與母國競爭爲原則。日寇爲產茶國家，自不願見東印度茶業之繁榮，而須剷除之。在日寇佔領時必須如此，即在退出東印度之後，亦不願多一競爭國家也。

第二項　茶之栽培及烘製法

（一）栽培與摘葉

茶適宜于潮濕及温暖之氣候。自熱帶而伸展于副熱帶及温帶，皆爲茶之分佈區域。爪哇產茶區域以七甲巫眉爲中心。蘇門答臘則以仙達爲中心。爪哇茶多植于山麓斜坡，採梯田式，以便于泄水。其大部份茶園高度常在一千英尺至四千英尺之地。東印度地處熱帶，故極適合于茶之栽培。一年之內隨時可以播種，而以十二月至閱年一月爲最多。播種時，將種子置于濕沙之地上，即可發芽。及幼苗長至八英吋或十英吋時，即可移栽。移栽時，先將幼苗切成六英寸長，然後移栽于已耕耘之梯田中，但以雨後爲佳。兩年之後，修剪茶叢，僅留二十英寸之高度。以後十年中每兩年修剪一次。修剪後，須使其休閒三月，不事採摘。休閒期間之長短，與樹齡有關。

茶樹首次摘葉時，多摘其頂部三片幼芽，以後則僅摘頂部一芽。但每次採摘之相隔時間約爲十日至十二日。茶樹如經大事修剪以後，則去頂工作必須在二十八英寸之高度舉行。茶樹完全成熟時，須在第六年。成熟以後，每年可產茶一磅。爪哇茶之樹齡，可達四十年。但在我國方面，則超過此數。爪哇茶之香味遠不如我國茶之香味强。此乃地高之關係，而非土質之差異。種茶土壤，宜擇于便易泄水之地，否則水積根上，則必受損，故梯田甚爲適宜。茶樹亦宜有陽光照射，然後發育迅速。樹之間隔，宜有四英尺寬度。間隔中亦不能有其他作物，以妨害其生長。茶田工作甚有規律。每隔四五十日，必須查勘一次。茶樹與甘蔗及烟草不同，甘蔗烟草成熟後，可一次收割，但茶樹于一年中皆可採摘。爪哇茶之發售，多以中等品質爲標準。因其皆爲阿薩密種，故茶之區別，乃在採摘之年代，而不在樹之分別，以其皆出于一樹也。爪哇茶分九種，最佳者爲全葉。全葉又分爲檜香茶、香茶、香小種、小種等。檜香茶及香茶係由嫩葉製成，香小種及小種則係由極小之嫩葉製成。次爲破葉。破葉又分爲破檜葉、破香茶、破茶等。稱爲破葉者，以其葉已破而不完整也。再次爲碎葉，卽葉已完全破碎者。據採茶者言，清晨採摘之葉，較午後採摘者爲有香味。第一次生長者爲最上等之嫩葉，產生最優等之茶葉。

茶之肥料，以燐酸塊爲宜，家畜肥料不可用。爪哇茶樹多施用人造肥料，當雨後或修剪後，稍待卽施肥，功效最大。爪哇茶亦常利用綠肥，即將綠肥作物播種後，任其生長，不加管束，俟其生長極繁茂時，齊根割取，遺棄土上，作為綠肥。殘根以後，又可萌發，故甚為經濟。

（二） 歐人茶園與印度尼西亞人茶園

東印度茶業分歐人茶園與印度尼西亞人茶園。歐人茶園為企業上之茶園，而印度尼西亞人茶園則為農業之副業。一九三七年歐人企業茶園之生產，佔東印度茶業總額百分之八十二；而印度尼西亞人茶園之生產僅佔百分之十八。一九四〇年東印度茶業輸出八萬二千公噸中，歐人茶園佔六萬七千公噸，値四千二百萬盾；而印度尼西亞人則佔一萬四千公噸，値九百萬盾。一九三八年歐人茶園為三百三十七所，而印度尼西亞人則僅佔其五分之一。我國茶園與日本茶園之面積皆甚小，少有超過數十百英畝者。但東印度之茶園則面積甚大。一公司之茶園常達三千餘英畝，故其資本甚為雄厚。小者數十萬盾，大者達百萬盾。爪哇採茶工人多為女工，工資低廉，除供給其粗糲之飯食外，僅日給以數仙之工資。較之歐人工作其間，日得二三十盾者，實有一二百倍之差數。夫歐人以東方勞働低廉之生產，換得其輸出品之善價，其殖民之企圖與剝削之手段，乃世界史上最恥辱之一頁也。

（三） 機器製茶

爪哇茶廠之製茶多用水電力推動用揉捻機烘焙機及篩分機工作。茶葉摘回之後，置之低温萎縮樓上，使之萎縮低温萎縮樓之優良價值現已爲製茶者所公認其温度以華氏八十二度爲最合理想。茶葉水分如失去鮮葉原有重量百分之十至十四時，卽爲萎縮適度萎縮後乃投于揉捻機內以華氏一百二十度之熱風通過三十分鐘，使其成爲柔軟物。在第一次揉捻時，甚爲和緩每分鐘僅四五十轉。因旋轉和緩，可使茶葉保存毫尖。在第二次旋轉時，則較前爲速，然後置諸烘焙機中需時二十五分鐘，通以華氏一百七十五度至二百十二度之熱度。若熱度過大恐品質改變。如是乃置于篩分機內加以篩分，而製茶之工作遂告完畢。在我國及日本揉捻機所做之工作，皆用手代做故西人常識之爲不潔，謂多混入汗水于其中。此實應改良者。

第三項　東印度茶業在世界市場之地位

（一）　世界產量第三位

東印度茶業歷史雖甚短，而後來居上，則爲不可否認之事。當一八八四年，彼在世界市場之輸出量僅五百萬磅。一九〇四年增至二千六百萬磅。一九二〇年已突破一萬萬磅。一九三一年更增至二萬萬磅。造成歷年來之最高紀錄。一九三四年至一九四一年間，平均爲一萬萬七千萬磅。至其輸出價值，一九一〇年至一九一四年平均爲二千萬盾。一九二五年至一九二九年平均爲八千六百萬盾。一九三〇年至一九三四年平均爲四千六百萬盾。一九三七年至一九四〇年平均五千三百萬盾。東印度茶業自一九三〇年來，其產量與面積，均為七八萬公噸與二十萬公頃，遂造成其為世界輸茶國之第三位，已超越我國而上之。

我國、印度、錫蘭、日本、台灣與東印度為世界有名茶產地。據一九二八年之調查，世界產茶總額為八十一萬二千噸，而六大產地卽佔八十萬八千噸。卽我國產四十萬噸，印度產十七萬七千噸，錫蘭產十萬零七千噸，東印度產七萬三千噸，日本台灣產五萬噸。一八〇〇年世界茶消費總量除我國外，祗一千八百萬磅。一八六〇年增至一萬萬六千萬磅。一九〇〇年更增至六萬萬磅。現連我國在內，達十七萬萬磅。茶之銷費，以我國為最多，約佔百分之四十五。但以人口計算，則首推英國，以英人每年每人需用八磅以上之茶也。一九三六年世界茶之輸出量為九萬萬磅至十萬萬磅之多。茲將十年來東印度茶之產量表列如下：

一九四〇年	八一、一五五公噸	一九三五年	七一、四一五公噸
一九三九年	八三、七〇〇公噸	一九三四年	七一、二九三公噸
一九三八年	八三、一五九公噸	一九三三年	七五、二九二公噸
一九三七年	七四、五一六公噸	一九三二年	八一、九三七公噸
一九三六年	七五、五八一公噸	一九三一年	八一、三〇九公噸

我國產茶雖仍居世界第一位，年產三十萬公噸至四十萬公噸之間，徒以國人嗜茶若渴，完全消費于國內，

致不能有大量之輸出。曩昔我國茶之輸出，極盛一時，遠達歐美近越非亞。在一八六八年時，曾佔輸出總額百分之六十。但近八十年來，以印度、錫蘭、爪哇茶之湧入世界市場，致我國茶業爲其所奪。一八八一年輸出爲三萬萬磅。十九世紀之末減爲二萬萬一千五百萬磅。一九二九年再減爲一萬萬二千六百萬磅。一九三五年更跌至八千四百萬磅，已不足輸出總額百分之二。而國人對于茶業亦奄奄無生氣，不知改良，殊可惋惜。茲將一九四〇年世界產茶國家之生產列後：

印　度	二三一千公噸	錫　蘭	一二三千公噸
東印度	八二千公噸	日　本	五五千公噸

（二）我國茶輸入逐年遞減

東印度境內茶之消費，年在一萬三千公噸，爲數甚少，以印度尼西亞人喜飲咖啡，不慣于飲茶故也。在昔此種消費，皆係由我國輸入，因該地華僑甚多，華僑均嗜祖國茶，以其品質與香味均優于爪哇茶也。今雖有少數祖國茶輸入，但與年俱減。一九二八年尚有九百萬磅之輸入，一九三八年則減至二十五萬磅。

國產茶之輸入東印度者，以閩茶爲最多，粵茶次之。其餘浙茶、徽茶、滇茶、贛茶則爲數甚微。以華僑多閩粵籍，習慣上極嗜其家鄉之風味也。

閩茶產于福建全省，產地約三十萬公畝，有南路茶西路茶及北路茶之分，蓋以地方而區別也。南路茶多產于閩南安溪等縣。西路茶多產于武夷山一帶。北路茶多產于閩北各縣。大抵西路茶北路茶多運銷于歐美，亦有運銷于南洋者，而南路茶則多運銷于南洋。若以茶之製法而區別，則有青茶、白茶、紅茶、綠茶四種。青茶產于南路及北路，年產三萬公擔，爲輸入南洋最主要之茶。青茶係半醱酵茶，以烏龍、水仙、鐵觀音爲主。烏龍西北南三路皆產之，水仙則產于西北兩路，鐵觀音則只產于南路，以產于安溪一帶爲最多。白茶多產于政和福鼎等縣，產量甚少，以白毛猴及白毫爲主。白毛猴專銷南洋，而白毫則專銷歐美。紅茶多產于閩東閩北各縣，年產約四萬公擔。綠茶多產于閩東各縣，產量亦不多，以蓮芯淮山蓮芯爲主，多運銷于東印度。南路茶以厦門爲市場中心，西路北路茶則以閩侯爲中心，亦有由饒平轉汕頭而輸出者。在昔年盛時，閩茶輸出海外常達八十萬箱，值四千萬元。今因印度錫蘭茶之崛起，已減至一千萬元。其銷售于歐美者，多由外商轉手。其銷售于東印度與其他南洋各邦者，多由僑商直接經營。故僑商在內地產茶區域多設有茶廠，在南洋則設有茶莊。因之閩南之茶廠，大半爲華僑所經營。抗戰軍興，海運困難，閩茶出口，大受打擊。政府爲挽救茶業輸出，計實行統購統銷政策。但閩南茶商囿于私利，堅持結匯出口辦法，致未有良好成績。結果閩南青茶囤積者甚多，而南洋則無國產茶以應市，致有茶荒之虞。因之茶商以有利可圖，遂多由厦門走私。其後政府乃貸款購收，並頒佈華僑茶商結匯辦法，以圖補救。惜不久太平洋大戰爆發，我國與東印度之貿易因以終斷。

粵茶以產于鶴山、清遠、羅定爲最多，連縣、肇慶、四會、河源、小杭、饒平等縣亦產之。年產十萬公擔。除供給粵桂二省外，餘則銷行于南洋，亦有遠銷至美洲者。鶴山茶以大山青及三耳茶爲主，多銷行于東印度及菲律賓。清遠茶及饒平之小丈茶亦以南洋爲主要銷地。羅定茶以西青、七青及六堡茶爲主。其市場多爲新嘉坡。七七事變後，華茶在南洋供不應求，故市場甚好。因之走私之風甚熾。在昔粵茶出口，多由香港汕頭爲轉口地。以各港均有定期與不定期輪船直達南洋故也。

爪哇之茶價，近數年來，每半公斤常在四鈁左右。其品質並非上乘。若我國之茶，最上等者有五十元美金一磅之茶，卽前時之進貢于帝王者，其次有二十五元美金者。卽十元美金一磅之茶，在我國極爲普通。國人如欲振興茶業，一方須以大企業之農園種植，與機器之烘製，他方尤須選種適合于歐美人士口味之茶。歐美人士之飲茶也，非如我國之品茗，須茶味濃，而如喝咖啡然，欲其味淡，並和以白糖及牛乳。故其銷路爲紅茶，而非綠茶。若綠茶而和以糖乳，則變黑色。若紅茶而和以糖乳，其色益鮮，其味益美。是不可不知者。

東印度茶之銷路，在昔首推英、荷、澳三國，年各在三千萬磅左右，共值三千萬盾。一九四〇年荷蘭淪陷後，安姆斯特坦之銷路已告斷絕，惟英、澳兩國尚保存此數。一九四二年東印度淪亡後，其茶業已不堪設想矣。茶葉最大之市場在倫敦。一八八六年我國茶輸入倫敦者，達三萬萬磅，因其需要甚殷，又能以其船舶運載至他國也。故十七八兩世紀爲我國茶輸入英國之黃金時代。十九世紀之後半期，俄國遂出而與英國競爭，始有中俄直接茶葉之貿易。一八八七年後，英國以有印度及錫蘭茶之輸出，遂減去大部分華茶之勢力。一九〇五年之中國茶市場，幾無銷路，故今日印度錫蘭茶在英國市場之勢力可謂已達穩固之時期，而非華茶所能再入者。東印度茶之輸入英國也亦僅一小部分而已。

第四節　產量日減之東印度歐人烟草業

第一項　東印度烟草業發展經過

（一）烟草培植史略

烟草爲南美洲之原產，一五五八年始輸入歐洲，是爲歐洲有烟草植物之嚆矢。其後法國大使尼考，自西班牙寄烟草種子與法國瑪地西皇后，故今日烟草植物學名卽爲尼考丁那。吸烟之風，歐洲各國，當以英國爲最先。拉費拉尼稱爲英國第一吸烟人，以拉氏曾任北美維基尼亞之監督。十七世紀之後，此風始盛行于各國。在南洋方面，當十七世紀初荷蘭聯合東印度公司統治爪哇時代，卽見該地有烟草之種植。蓋斯時之印度尼西亞人，無論老幼無不嗜之，卽其婦女亦常用烟以潔齒。一八〇八年東印度總督丹恩將軍，爲獎勵爪哇種烟事業，特將渤良安府開放，准許華僑移入從事烟草之種植。一八三〇年凡登堡之强迫勞働制度，僅强迫印度尼西亞人種植咖啡、蔗糖、藍靛等並未將烟草及茶包括在內，于是印度尼西亞人以有利可圖，及生活上需要，反到處種植烟草。故當時爪哇烟草在歐洲市場中，幾與馬尼拉烟草互爭雄長。其後以印度尼西亞人無農業科學之知識，對于土地不知改良，對于種子不知選擇，所種烟草品質次第低下，致銷路日減。一八六四年荷人發見蘇島東海岸州爲烟草之良好種地後，遂加以經營。一八七〇年日里烟草公司首先成立，前往種烟。一八七五年日里爪哇烟草公司繼之。一八七七年阿林斯堡烟草公司又繼之。一八八九年昔尼巴烟草公司又繼之。其後爲免除競爭與集中資本計，由十五大烟草公司聯合組織，在日里與冷加河流域創設大烟園，移植爪哇烟草，加以改良。結果產量較多，品質亦優，價亦昂貴。今日蘇島所產之烟葉，爲世界最馳名之一，足與美國佛及尼亞所產並駕齊驅。美國佛及尼亞所產者品種甚高，素負盛譽，各國之製造上等紙烟者多仰給于此，而日里烟葉，其薄如紙，氣味芬芳，油頭極淡，色道金黃，性亦和平，吸之口中發涼而無辣味，吸後一二小時猶有餘香，故可與之爔美。其後歐人亦在爪哇開墾大規模之烟園，爪哇烟遂恢復昔日之盛譽。爪哇烟園與稻交互種植，但在蘇島之烟園，收穫一次後，放置七年不用，因烟草亦不宜連栽也。惟爪哇人口稠密，不能採用此法，故祇有施用肥料以補助地力之不足。爪哇除歐人烟園外，尚有印度尼西亞人之小烟園，其地位屬于次要。東印度歐人烟園佔產額總數百分之九十一，而印度尼西亞人之烟園僅佔產額百分之九。印度尼西亞人之烟業，專爲內地人民捲烟之用，亦有爲歐人企業烟園所購進，運往歐美者。印度尼西亞人烟業之產量，以市價之漲落與否爲產額之多寡。如市價低落，則種其他農作物。非如歐人企業烟園，不問市價如何，年均種烟也。東印度烟草之種植，一九二〇年至一九三〇年中已逐年增加，由年產二萬萬公噸增至九萬萬公噸。一九三三年後則逐漸減少，至一九四〇年僅產二萬七千公噸。至其價值，一九一〇年至一九一四年之輸出平均爲六千九百萬盾，一九二五年至一九二九年平均爲九千五百萬盾，一九三〇年至一九三四年平均爲四千五百萬盾，一九三五年至一九四〇年平均爲三千八百萬盾。茲將十三年來東印度烟草之產量表列如下：

一九四〇年	二七、四一四（公噸）	一九三五年	四二、三一九（公噸）
一九三九年	三九、〇〇二	一九三四年	三〇、六八七
一九三八年	四〇、七〇三	一九三三年	三〇、〇〇〇
一九三七年	四一、三二〇	一九三二年	三三、八一四
一九三六年	四九、七二〇（輸出量）	一九三一年	四〇、五七九

東印度烟草之銷路，以荷蘭爲主要國家。一九三七年輸入安姆斯特坦者值四千萬盾，已佔烟草輸出總價值百分之九十以上。故其在世界市場之地位，並不若他種作物之高。茲將一九三九年世界產烟草國家之產量列後：（單位千公噸）

美國	八〇三	中國	七七三

印度	四九六	日本	八二
土耳其	五六	希臘	五六
東印度	五二	緬甸	四三
意國	四二	非律賓	三六
保加利亞	三五	德國	三四
法國	三四	巴西	一七(輸出)

第二項 蘇島歐人烟園之我國契約工人悲慘生活目覩記

(一) 引言

民國十七年春，余僑居南洋已達七年之久，擬作歸國計。因感平日對于斯土之政治、經濟、僑務諸端，雖曾加以探討，足跡亦常往來于馬來亞與東印度間，第念苟欲獲悉南洋各國之眞實情形，必須有實地之觀察，遂于該年作漫遊整個羣島之行。其後至蘇門答臘之棉蘭。該地居島之東北，北臨馬六甲海峽，扼歐亞航線之要衝，亦爲蘇東烟草之輸出口岸，而著名之日里烟園在焉。到達後知日里烟園工人皆爲吾國契約工人，遂亟欲一往參觀，以觀究竟，並慰問此遠離祖國過非人生活之同胞。至園中時，遠望烟田千頃，一片青葱之色，此吾僑契約工人血汗之結晶歟。主人華僑某君，以予遠道來臨，慇懃招待，先敬之以淡巴菰，予辭謝不能吸，乃享之以白蘭地。其後並引導予參觀各地，及與工人見面。余見此輩工人，皆係國中壯年，面目黧黑，形容憔悴，一見而知其爲過度辛勞者。彼輩見予之來也，有如家人久別之重逢，紛來問訊：唐山年歲好否，孫總理是否仍在人間，仍安然無恙否。蓋烟園工人之生活，幾與外間隔絕。園主不許工人至棉蘭，以防其逃逸。凡至棉蘭者，必被檢查居留證，如無居留證即遭武裝警察之拘捕。因此，彼輩即難獲知祖國之消息。彼輩雖身居異域，爲人所奴役，而心仍不忘祖國。予不禁爲之肅然起敬。反觀一般厚擁鉅資之華僑，不自知其爲黃帝之後裔，反認荷蘭爲祖家者，誠可謂數典忘祖矣。予一一答復之後，並告以北伐已成功，國民政府已奠都于南京，蔣總司令爲祖國唯一之革命領袖，中央僑務委員會極關懷在國外之華工生活，今日之祖國，已成爲一新中國，而非昔日軍閥割據時之中國，一切政治已上軌道，各種建設在在需人，並囑以契約期滿後，即可返國投効，相與依依而別。于是主人堅請留飯，殺雞宰羊，菜數甚豐。主人固好客者，並爲客專烤一燒猪，以資痛飲，而得暢談。此蓋粵菜之珍品也。酒酣時，相與暢談中外大事，以及人類之慈悲心，同情心，與夫國家觀念。主人知識甚富，悟心敏銳。彼告以來此任大工頭之職，乃爲生活與環境關係，言時似有愧色。但予則請以在其管理之下，若能善視此輩遠離祖國顛沛無告之同胞，非第爲彼等所感激，亦吾人報國之道也。主人唯唯，乃道謝而別。予在烟園一日，因得悉園中組織，及目視吾僑契約工人生活之困難。茲紀之于後。

外人農業　八七

（二）賣猪仔與收苦力

人而被騙賣，被稱爲畜類則其天賦之人權，已被剝奪可知。此種傷天害理之事，自十九世紀初葉歐美解放黑奴後，本應絕迹於世界，不意今竟於南洋尚見之。吾人對于荷人之此種舉動，不能不仗義執言，作激烈之反對，而爲此數萬在東印度之烟園工人與錫礦工人聲援。査荷蘭之好時洋行，爲東印度買猪仔之總機關，企業烟園均委託之辦理其事。在香港、厦門、汕頭等地設有分行。常派人員至茶樓旅館，見國人之失業者，故作親暱之狀，享之以酒食，誘之以賭博，借與賭本，作成圈套，使其負局後，乃誇耀南洋之富庶，以動其心。然後允介紹其工作，並許借與川資，使受騙者心悅誠服，而不自知其已墮入術中。彼則從中以得身價，每名可得百餘元，于是而交易成。猪仔上船後，卽失其自由，任人宰割矣。國人之受騙南來者，前昔年在數萬人，今已較遜，言之至堪痛心。

契約工人至南洋後，稱爲新客，勞働二年，本可恢復自由，然誘賣之者又大有人在，施其技倆，卽所謂收苦力是也。收苦力意卽招工，蓋苦力爲馬來語工人之譯音。此事于每年七八月拜大伯公時舉行之。大伯公卽土地神，閩粵人之所敬重者。拜時廟內廣設賭場，凡屬烟園工人，無論新舊客，莫不踴躍入局，顧勝者少而負者多，負者則向工頭借貸，再負再借，借至三五十盾時，又須自賣一年矣！噫！其計之毒有如是者。烟園對于舊工人尤爲歡迎；以其較新工人爲熟練耐苦，所謂百鍊之身，可供其驅使也。

（三）辛苦工作

烟園稱上工爲上塲。工人既上塲後，即寢于塲上，食于塲上，工作于塲上。六個半月以內，無絲毫休息。上塲時，經工頭量塲後，乃抽籤分塲，以定塲號。大約熟練工人每人可種烟二萬株，中等工人可種一萬七八千株，新工人可種一萬五六千株。分塲既定，乃舉行翻塲，以除去一切雜草樹皮草根碎石等。如是三次，翻頭塲既畢，乃分派烟仔山。每工人所擔任之數，在三四十山之間。每山之面積爲一百英方尺。故其工作之地甚大。于是乃開始搭棚。並將棚下之七輾碎，加以鳥糞，灌以硝鏹水，纔乃下種。播種之法，用水斗一，滿注清水，置種子于其內，以手攪之，使種子分離如散沙，然後就水斗播種。蓋烟種極細，種時須覆薄泥于種子之上，烟下種後七日即發苗，再七日即分棚。移棚後之烟仔山，須蓋以蚊帳，加意保護。自下種之日起，至第四十五日即行分種。分種時，先將七耙成窩，下鳥糞。每窩植一苗，每人每日可植苗八百株至一千五百株不等。植苗後須朝夕灌溉。三日後乃止。如遇天雨則從省。迨苗長至離地一尺時，又須上烟脚，即將兩旁之七壓于根上。如是二次。上脚後，兩傍成溝，而中間高，烟山之名以此。烟山之內，勿令雜草叢生，以妨害其生長。

塲上最重要之工作爲捉烟蟲，烟蟲種類甚多。最普通者形似毛蟲而無毛，且帶色彩。生殖極繁，爲害最烈。苟一不愼，禍延全七，足使種植家傾家蕩產而有餘。但工人之責任不盡在捉蟲，而在報告蟲之有無。如漫不經意或知而不報時，則受重罰。迨至欲使烟葉肥大時，例須剪頂。通常烟草一株，以二十五葉至三十葉爲度。過此再生，即須摘去。迨至烟莖長成高于人或呈淡綠色時，即行摘葉。如遇烟草正放花時，須將正枝之花摘去。收穫時，須以晴天爲佳。最下層之烟葉稱沙葉，僅摘二三片。摘後以烟架運入烟寮，用麻線穿之，每串限定穿四十二枚，反正各一，面與面合穿後繫于竿上置高處乾燥之。如遇天雨寮內須生火以助溫度。十七日後下串。沙葉摘後，始摘他葉。依次而上，曰頭卡及，須乾燥二十三日；曰二卡及，須乾燥二十七日；曰三四卡及，須乾燥三十日至三十五日。下串後之烟葉，須行紮把，以四十枚爲一把，然後運入烟庫。在庫中須排紮整齊，以待輸出國外。烟之上者，爲頭卡及，次爲二卡及，再次爲沙葉，爲三卡及四卡及四卡及又稱定漿葉。依選色而分頭二卡及沙葉之品位，則有大烏、大紅、青皮、大青、小青、小紅、死葉、青死、硬葉、排落葉、霜色、水點、烏破、紅破、青破、死破、大破、新斑等。三卡及四卡及葉色帶烏多油，又稱火燒葉，有定漿大烏、定漿大紅、定漿青葉、定漿霜色之別。

（四）工資與生活

工資以能力計算，而非以日計。種烟每千株，可獲九盾至十二盾。摘葉穿葉每百串七鈁。若自摘他人穿，則祗得二鈁八仙。紮烟每千把二盾。入庫後選烟排烟紮把三種手續，每百把共七鈁。拜大伯公自賣身時，其身價雖爲三十五盾，但淨價爲二十一盾，其餘十四盾日後須由工資項下扣還。如工人無耕鋤器具及用具時，得向烟園領取，但其費用亦須由工資項下扣除。塲上工資每月發二次，每次五盾，但一盾五鈁之米價須扣除之。米重約十六斤，月中發者稱小糧，月底發者稱大糧。每年塲上工資，多則發十三次，少則發十二次。至于烟園工人之工資，在第一半年，每日工資爲二鈁半，第二半年爲三鈁六仙，第三年爲四鈁一仙，五年爲四鈁六仙，七年爲五鈁一仙，最高每月爲十五盾三鈁。若與東印度普通工人每月工資常在六七十盾相較，不啻天壤之別。

烟園之組織，有如商店然。上有總經理以處理一切，充任之者爲西人，威權甚大，有山中小皇帝之稱。園之大者，分十四五路管理。小者三四路不等。每路設督察一人，俗稱小頭家，皆爲西人。此等小頭家駕馭工人之手段，甚爲毒辣，試以拜大伯公觀之，卽可知矣。工人工作時稍有不順其意者，輕則以橡皮鞭鞭撻出血，重則致死，草菅人命，東印度政府不問也。再其下有大工頭、二工頭、小工頭，皆爲吾僑充任，權力亦極大，擧凡園中之管理與塲上工作之監督，皆爲其勢力所及。大工頭月薪，至多不過三百盾，但貴若王侯，富敵石鄧，出則汽車，入則洋房。此無他，蓋尅扣工人之給養所致。故其生活甚爲奢華，飲食豐富。雞鴨猪羊，固園中所常飼養者，歐美食品，亦日常所購藏者。大工頭雖榮，須受小頭家之指揮，又其苟能得到小頭家之歡心與信用，則園中尅扣之事件，可不必顧慮，故對于小頭家禮貌甚恭。

第五節　獨佔世界生產之爪哇歐人規納業

第一項　爪哇規納發展之經過

（一）我國醫學家關于規納之記載

規納又譯爲奎寧，或譯爲金雞納，爲治瘧疾之聖藥。吾國醫學家錢塘趙學敏氏所著之本草綱目拾遺曾記金雞勒曰：「査愼行人海記，西洋有一種樹名金雞勒。以治瘧一服卽愈。嘉慶五年予宗人晉齋自粵東歸，帶得此物，出以相示。細枝中空，儼如去骨遠志。味微辛，云能走達營衞。大約性熱，專捷行氣血也。」又曰：「澳番相傳，不論何瘧，用金雞勒一錢，肉桂五分，同煎服，壯實人金雞勒可用二錢，一服卽愈。又解酒，煎湯下咽卽醒。亦澳番傳。」于此可知金雞勒實非吾國國產藥也。

（二）　規納之原產地及其外移之困難

規納爲南美洲安第斯山之原產，熱帶植物也。常綠木本，樹高四五十呎，羣生成林。樹皮曰規納皮，用爲解熱藥及強壯藥之良劑。此種樹林，綿延于安第斯山一帶。由委內瑞拉南下，直至玻利維亞，寬約百哩，長約二千餘哩，皆爲規納林。秘魯人稱之爲規納者，其意爲樹皮之外皮也。當一六三八年秘魯尚在西班牙統治時代，其駐在利馬之總督金雞伯爵之夫人患熱病甚篤，秘人以規納樹皮進，謂可治瘧疾甚驗，乃煎汁服下，病立愈。遂于一六四〇年回國時，攜帶規納樹皮若干至西班牙，而總督亦派遣遠行隊以覓此樹皮。時隊中有一耶穌教士，將此樹皮之功用傳佈之于其同道，又送若干于其主教。因此人人知爲耶穌教士樹皮，主教樹皮。其後植物學家林納遂以伯爵之名，以名此藥。直至十九世紀初葉，世人尙以爲規納樹僅能生長于安第斯山中。因之該地人民遂謀斷規納之事業，而南美各國政府亦皆徵收規納皮之出口稅。在倫敦方面有一經營運來之規納樹皮公司，更任意漲落其價格。一八二九年荷醫師布倫，以東印度在熱帶圈內，瘧疾特多，卽有由南美洲運規納樹于爪哇種植之提議，而英人亦決定携帶規納樹及其種子培植于錫蘭與印度。于是荷蘭政府命駐秘魯及智利之該國領事，搜集規納之種子與樹苗，送回荷蘭，而英國亦派遣科學家至秘魯及玻利維亞採取種子及樹苗。但當地人民用盡方法阻止種子之運出，秘魯之海關人員復不讓英人將標本帶出國境，而玻利維亞人又將沸水傾于預備出口之種子上，故事遂不果。二十年後，巴忽任荷蘭殖民部大臣時，又採納斯議，卽委德國植物學專家夏斯加耳前往採種。夏氏遂于一八五二年由荷蘭首途。是年英國植物專家威帝爾由玻利維亞採來之規納種子，首先輸入爪哇，培養于芝巴達農業試驗場內。經荷蘭植物專家楊淡之特別保護，發育甚旺。一八五四年夏氏所採之種子及其樹苗五十九株，又運至爪哇之茂勿。但幼苗因被滯留于巴拿馬數月，全部枯死，而種子亦未發芽。惟寄至荷蘭之種子植于萊頓植物園者，則已發芽。遂于一八五五年由楊淡送往爪哇，植于芝宜汝安之官營規納園地方。又因紀念殖民大臣巴忽之功，而以其名名之爲巴忽規那。其後夏氏在秘魯再度搜集規納幼苗，彼認爲搬運方法應加改良，乃請荷蘭政府派遣軍艦至利馬港口迎接。夏氏于航海三個月後，携幼苗五百株至爪哇，但能生存者僅七十五株。一八六〇年爪哇有規納樹七千株。一八六四年凡吾爾哥就任爪哇官營規納園場長後，發展益著。一八六五年荷蘭殖民部在坡利維亞獲得新種後，爪哇之規納事業，始臻今日之盛況。一八九八年並在芝宜汝安成立規納廠，以提煉規納霜。因以前一切樹皮均運往歐洲製造，而今日已成爲世界最大之規納廠。但當時規納製造法異常秘密，芝宜汝安廠且謝絕參觀。

（三）爪哇規納之獨佔世界生產事業

二十世紀以來，東印度規納產量已佔世界總產量百分之九十以上，有樹數百萬株，而芝宜汝安地方遂成爲規納市場之中心。東印度產規納之地，幾全在爪哇，外島所產無多。一九三七年爪哇產規納霜一萬公噸，外島僅產六百公噸。東印度政府努力發展規納之結果，致多年以來造成生產過剩之病。一九一三年以來在日形增加之私人生產者間，卽有自動之協定存在，但僅互相規定彼等每年販賣之總額及其價格而已。一九三〇年後，未加入協定者之生產能力及新種面積突然增加百分之五十以上。致在恐慌期間，價格慘跌，遠落于其生產成本之下。故其存貨對于世界需要，顯然超過百分之一百至一百二十。而規納之大量投資，不獨爲之荒廢，抑且威脅此不可少之原料之供給。一九三三年政府對于規納事業從事統制，設立規納局以管理之。一九三四年又頒布規納栽種法令，禁止擴張栽種面積。同年又頒佈規納輸出法令，規定輸出比率。此兩法令之效力，已較前時之私人協定增強。一九三七年又改正新法令，其有效期間爲十年。此新法令之內容，對于個別生產者，所給予之許可證，不許其轉讓，以防止其增產，並規定在瘧疾流行之緊急時期，得增加其出產量。又總督發現未得其許可提高規納商價格或情形緊急拒絕以廉價出售時，對于輸出之比額可增至其生產百分之一百。同時並規定瘧疾流行之地以較當時價格尤廉之比率，永久予以大量之供給。政府此種設施，以圖挽救不景氣之情勢頗爲成功。一九三〇年東印度輸出規納霜及規納皮值一千二百萬盾。一九四〇年因戰時需要之關係，增至二千七百萬盾。

爪哇規納在世界之市場，自昔爲荷蘭所獨佔。一九三〇年輸入安姆斯特坦者值一千萬盾，已佔其輸出價值百分之八十三。一九三八年仍爲九百萬盾。一九四〇年荷蘭淪陷後，美國與印度遂一躍而爲規納重要輸出國家。兩國幾已佔總輸出之半。現全世界每年消費一千六百萬磅之規納霜，此種數量，僅敷一部分人民二三粒規納丸之用，實不足抵抗瘧疾與蚊蟲之肆虐。故對于規納實有增產之必要。茲將九年來爪哇規納之產量表列如下：

一九四〇年	一六、三七一公噸	一九三五年	八、六〇七噸
一九三九年	一二、三九一公噸	一九三四年	八、一六一噸
一九三八年	一〇、九五五公噸	一九三三年	七、五三四噸
一九三七年	一〇、六四〇噸	一九三二年	一〇、一二〇噸
一九三六年	九、八七九噸		

第二項 規納之栽培及製造法

(一) 栽培法

規納樹喜種于拔海三四千呎而氣候在攝氏十六七度之地方。山坡七地鬆濕，而山上仍有處女林者，尤宜種植。此種土地可連種規納樹三四次。栽培時，先在培植園內下種。種子甚小，類似亞麻子，每一兩可生出二萬株樹，六個月後，新芽長至四吋時，須移植于其他培植園中，再兩月，可先選較肥大者分行植于第三培植園中。每行以間隔五六吋爲度，及新苗長至二三呎時，卽可移植于樹園中。其間隔爲三四呎。亦有用接枝法以播種者。最初種植之規納樹，多不施肥。如連種數次，則其鹼量減少，必須施肥。初採綠肥法，卽于園中種豆科植物數種，利用其根上所攝取之氮素爲肥料。其後改用草蔴油餅作爲肥料，功效亦大，但今多用磷酸鹽及氮化物爲肥料。規納園每英畝可種樹一千株。每株可產生價值六十四金元之規納霜，卽每英畝于十年之內，能獲利六萬四千金元。亦卽一年可獲利六千四百金元。故其利息甚大。

(二) 含鹼部分

規納樹含鹼之部分，僅爲皮層。然不限于皮之部位，如幹皮枝皮及根皮均可用。其所提取之植物鹼，大別之為規寧鹽、金規尼丁、規尼丁、金規寧及無晶植物鹼五種。但最重要者，厥為規寧鹽。其功用可殺瘧疾菌。此即世人所稱為金雞納霜者是也。故規寧鹽可稱為正霜，以外四種合稱為副霜。規納樹皮色深紅，味辛辣，分廠用樹皮及藥用樹皮兩種。廠用樹皮含規寧鹽甚多，係由第一號規納樹所採割者。藥用樹皮含規寧鹽甚少，但所含副霜及鞣酸鹽甚多，係由第三號規納樹所採割者。廠用樹皮之製法，即將已成年之規納樹，用木棍在外打擊，及皮層變鬆，即用角刀將樹之外皮割下，再碎成小塊。惟新樹皮所含之水量約百分之七十五，可晒于陽光中使之乾燥，及水量除去百分之六十以上時，所餘之水分，可用微熱烘乾。但火力不得超過攝氏表百度，否則霜量大減。若新割樹皮不經日光晒乾，逕用人工烘乾法，則成暗色之劣貨，而無所用矣。藥用樹皮之價格，完全由其外表而定，故割時須極小心。就已砍之樹皮上，量取長四分之一粎至一粎，寬四分之一粎之方條，逐塊割下。如樹生有蘚苔，製成後，仍能保全原狀，可抬高售價。無苔之皮，可用木棒打擊，使之脫落。脫下之皮，靜置一處，及乾燥後，遂縮捲為筒狀。若晒時仔細，外皮作銀白色，可得重價。由根上或枝上取下之皮，不能製為管狀者，稱破管皮，其價遜于幹皮。

　規納樹皮之市價，雖由其外表而定，然與其所含鹼量之差別大有關係。大抵幹部之皮，較枝皮根皮所含鹼量為多，老樹較幼樹所含鹼量為多，外層較內層所含鹼量為多，而最外層緊貼有生機之細胞之已死部分含鹼量尤多。提取規納樹中之鹼，必先取樹皮搗碎，加以石灰及苛性鈉及苯液，再加入一規定溶液之鹽酸，以助作用之進行。其中苯質可用蒸餾法以除之。若溶液中有過餘之鹽酸存在，可加苛性鈉少許，使之由中和而除去。於所得之溶液內，加酒石酸鈉則有規寧鹽金規尼丁之酒石酸物沉澱而出。由此處所得沉澱之重量，即可算出規納樹皮所含霜之百分數。割取規納樹皮法，有主張分年割分者，有主張伐樹除皮者，有主張截枝取皮者。惟今所用者，即于園內密植規納樹，每公頃可植六千株至一萬一千株，以後按年移出，使株與株間之空隙增大，以增加其養料與日光之供給，以便充分發育。及栽培至四年後，即可割取其樹皮，除去每樹之枝，使成為一光幹之樹。至第十年後樹已完全長成。以後逐年伐去大樹，至二十年或二十五年後，餘樹悉已衰老，不復發生鹼質，即可完全伐去，重下新種。

第六節　急起直追之蘇門答臘歐人油棕櫚業

第一項　東印度油棕櫚在世界市場之地位

（一）沿　革

油棕櫚為西非洲之原產，後蔓延于熱帶非洲之全部。自塞拉勒窩內以迄喀麥隆一帶，則成為重重密密之油棕櫚林。一八四八年始由西非洲輸運四株于東印度，植于茂物之大植物園內。初未嘗重視之，及歐戰時，乃知其價值，始為一般企業家所重視。一八七五年又由錫蘭移植于新嘉坡之植物園內。一九一〇年蘇門答臘東部，由比利時之農業開始經營油棕櫚，而今則爲安姆斯特坦等公司所經營。一九一七年法人在馬來之瓜剌雪蘭莪種植油棕櫚園。一九二九年蘇島油棕櫚之投資達八千九百萬盾。

（二）世界總產量

一九三六年東印度油棕櫚之產量，佔世界總產量百分之十七。該年世界油棕櫚產量爲一百二十三萬噸，而東印度則佔二十一萬噸。世界油棕櫚以西非洲爲最多，東印度次之，馬六甲又次之。一九三七年非洲產棕櫚油二十六萬噸，棕櫚仁六十五萬噸。東印度產棕櫚油二十萬噸，棕櫚仁四萬噸。馬六甲產棕櫚油四萬噸，棕櫚仁不及一萬噸。該年東印度油棕櫚之輸出値二千六百萬盾，佔東印度總輸出百分之二・七五，而居第八位。一九三八年至一九四〇年三年中，東印度油棕櫚之產量各爲二十四萬公噸。一九三九年東印度油棕櫚之輸出値一千六百萬盾。一九四〇年不及一千萬盾。蘇島土壤與氣候頗適宜于油棕櫚之培養，每公頃可產二公噸至二公噸半。較之原產地之非洲，每公頃僅產一公噸至一公噸半者，則其前途當不難駕而上之也。茲將九年來東印度油棕櫚之產量表列如下：

一九四〇年	二四一、七〇二公噸	一九三八年	二四三、六八三公噸
一九三九年	二四一、二〇〇公噸	一九三七年	一九七、〇〇〇千噸

一九三六年	一七二、〇〇〇千噸	一九三三年	一一六、〇〇〇千噸
一九三五年	一四三、〇〇〇千噸	一九三二年	八五、〇〇〇千噸
一九三四年	一二二、〇〇〇千噸		

第二項　油棕櫚之栽培法

(一) 栽培法

油棕櫚喜種于沖積而帶粘性之土壤，以其不妨碍樹根之伸張，及能保持適當之水分。至于輕鬆之沙土或低濕之地，則非所宜也。其分類悉以果實之構造爲標準。果實之構造有不同之點三：㈠果肉及其含油量之比例，㈡粕及其含油量之比例，㈢果殼之厚薄。今日蘇島東部所種者，通稱爲日里種，爲最優良之種子。種時須先培苗，然後移植。移植後三四年，卽達收穫期。完全長成之油棕櫚，高達六十英尺。但初開始結實之時，有受精不完全者，須用人工輔之。雌花與雄花有二三日之受精之機能，此時應由其他雄花採集花粉而與之。如受精失當，則果實小，而果肉與含油量亦少。惟老樹則無須人工授精。果實之成熟在受精後六個月。收穫時，果與房通須乾燥後三四日乃揺落之。然後運入工廠榨油。乾燥期之收穫，較雨期爲多。果實存放時，須加小心。如有損傷，則脂肪分解而發生酵素，油之遊離酸亦隨之增加，將影響于品質之賣價，不可不加以注意。初結之果實小而多，數年後，實大而少。選種，須將新鮮成熟之果實種子選後置入一吋深之泥沙，常曝露于日光中，每日澆水兩次，越兩月即發芽。成幼苗，而可移于苗圃中，再九月即可移植于油棕櫚園中。移時須以濕季爲宜。每英畝可植四十八株至五十五株。

（二）果實之構造

每株可產六房至十房。果實重四十五磅至一百四十五磅。油棕櫚之果實，可出兩種油。取自果肉者，稱棕櫚油。取自粕者，稱粕油。其價格棕櫚油每噸爲四十鎊五先令，棕櫚餅每噸二十鎊，粕油每噸三十五鎊，糟粕每噸七鎊。棕櫚油標準貨之遊離酸含有率爲百分之十八。每減百分之一，即可增價一先令九便士。故含遊離酸百分之三之上等貨，可售四十一鎊六先令三便士。每英畝之油棕櫚，每年可產棕櫚油二千一百鎊，油餅五百五十八磅。依此價格，則油可值三十八鎊十九先令二便士，油餅可值五鎊，合計爲四十三磅十九先令二便士。故其利益甚大。棕櫚油之主要用途爲製燭及肥皂，而白鐵工業亦用之，亦有用以爲燃料及脂肪滋養品，即人造牛油者。

第七節　東印度歐人之硬質纖維業及可可業

第一項　硬質纖維業

（一）種類及輸出

東印度之硬質纖維有西沙爾麻、坎達拉麻及馬尼拉麻三種。西沙爾麻亦稱龍石蘭或稱草麻。爲墨西哥原產，大草本數年後始開花結實而枯死。葉多肉長形而尖有針狀之鋸齒外面具厚表皮，其下續有表皮細胞。內部甚柔軟，外側有駢列之維管束。各維管束之兩側，皆以韌皮細胞羣包之，是卽可採纖維之處。品質上等者，稱之爲植物絹絲，供織物及抄紙之用。其葉之汁液能釀成一種可飲之酒。又此植物可供觀覽之用。東印度龍石蘭之產地以爪哇爲最多佔產量四分之三蘇島則佔四分之一。但皆爲西人之企業圈而非印度尼西亞人之生產。

坎達拉麻爲黃麻之代用品。黃麻祇產于印度，故加爾各答自昔卽獨佔世界之市場。十九世紀之末荷人試種于爪哇，結果成績不佳。其後荷人以東印度農業之發達，需要麻袋甚多，若不自行種植，將有被加爾各答壟斷之虞。今爪哇坎達拉麻之種植已獲成功。

馬尼拉麻亦稱亞加巴麻，爲菲律賓之特產。因其有不畏鹽水浸漬之特性，故多用之製造繩索，以供船舶之用。東印度亞加巴麻之栽種僅在蘇島南部，產量不多，不能與前二種相提並論。

一九三六年世界硬質纖維之輸出爲三十五萬噸。而東印度則爲七萬八千噸，佔世界總輸百分之二十二。其地位僅次于東非洲及墨西哥而爲第三位。一九四〇年東印度硬質纖維輸出值一千三百萬盾，而美國已購買其百分之五十九，值七百萬盾。茲將六年來東印度硬質纖維之輸出量表列如下：

一九三七年　八五、二三一公噸　　一九三六年　七六、六二八公噸

一九三五年	九二、三四六公噸	一九三三年	九四、八九八公噸
一九三四年	六九、六七二公噸	一九三二年	九〇、五八八公噸

第二項　可可業

（一）用途

可可爲南美之原產。其餘熱帶地方亦多種之。爪哇方面，在十七世紀時，始由西班牙人移植于此。樹爲常綠木本。高凡五公尺至十公尺。果實爲橢圓形，長三四吋，外有肉質之果皮，其色赤，內含四十枚之種子，卽可可也。歐美地方常炒此種子，去其皮，將其仁製成粉末，加以適量之糖及香漿與黃色之色素少許，稱之爲朱古力糖，以爲糖食。或炒種子之全部，或專炒其仁，製成粉末者，稱爲可可。加糖及牛乳，溶于熱湯而爲飲料，以助消化，謂之可可茶。其性甚熱。可可喜植于暑熱薰蒸之地，植後五六年卽可收穫。取其漿果而剖之，去其果肉，使其內之子實發酵，然後乾燥之，卽可應市。

（二）世界總產量

東印度產可可區域，全在爪哇。所種爲南美克里義洛種之變種，及佛拉斯脫里義之種。前者仁爲白色，後者仁帶暗紫色。爪哇可可粉呈美麗之褐色，爲其特點。產量雖不多，一九三六年僅佔世界總輸出千分之二，該年世界輸出可可七十萬噸，而東印度僅輸出一千七百噸，因其品質優良，故馳名于世。一九三七年至一九四〇年中，東印度可可之產量平均為一千五百公噸。世界可可產地以非洲為最多，佔世界總產額百分之七十。尤以幾內亞灣之黃金海岸、尼日利亞、象牙海岸等地所產為最富。中南美次之，佔百分之二十六。當十九世紀之末可可產地，以南美為最多，供給世界市場百分之八十八。非洲僅供給百分之八。至二十世紀之第二十六年，非洲可可生產已激增，供給世界百分之六十四，而中南美已退居百分之三十四。茲將一九四〇年世界各地可可產量列後：

黃金海岸	二三九千公噸	象牙海岸	五三千公噸
巴　西	一三六千公噸	東印度	一、六千公噸
尼日利亞	一一八千公噸		

再將九年來東印度可可輸出量表列如下：

一九四〇年	一、五五二公噸	一九三五年	一、五七二噸
一九三九年	一、五〇〇公噸	一九三四年	二、〇九三噸
一九三八年	一、七三八公噸	一九三三年	一、四六七噸
一九三七年	一、三三一噸	一九三二年	一、五五一噸
一九三六年	一、六五七噸		

第四章　印度尼西亞人之農業

第一節　稻—東印度人民之主要糧食

第一項　東印度稻之發展經過

（一）外米輸入之遞減

東印度人民以米爲主要糧食，實爲近世紀之事。在昔玉蜀黍及樹薯則佔糧食上之重要地位。卽今日小巽他羣島東部、西里伯斯北部、摩洛加羣島、新幾內亞島之居民，仍多以玉蜀黍及樹薯爲糧食者。十七世紀荷蘭統治東印度後，對于爪哇之種稻事業，頗加保護。雖十九世紀之强迫勞働制度與，然亦不願稻田之過受侵佔，使民食爲艱。及自由經濟制度成立後，歐人農園勃興，園中有供給勞工食米之習慣，于是食米益爲東印度人民所重視。今日東印度所產之米，可供其人民百分之九十五食糧，其不敷百分之五，則需外米之補助。一九四〇年爪哇印度尼西亞人有農田二千二百五十萬英畝，而稻田則佔百分之四四·四，有一千萬英畝。爪哇人口密度爲世界第一，近四十年來增加尤速，故需米益多。而稻田亦需用多量之人工，以事培植，自播種插秧以至米穀登場，隨時需用多量之人工勞作，而稻之收穫量，確亦可以容納多量之人口。此所謂互成表裏，互爲因果者也。爪哇年來人口之發達，東印度政府對稻田之保護政策亦大有關係。稻爲就地銷用之物，故在輸出貿易上似不見其重要。反之若爪哇不產稻，則東印度輸入外米之數量與價值，其數字當可驚人。當三十年前東印度不足百分之五之米，年須二十萬噸以上之外米補助之，其價值已在六千萬盾之數；設若爪哇不產米，皆需外米接濟，則其輸入之數量，當在四百萬噸以上，而其價値當在十二萬萬盾。此雖爲絕不可能之理論，當可以其他雜糧爲之救濟，然爪哇產米愈少，則外米輸入必愈多，乃必然之事實。東印度政府有鑑于此，故對于水利之講求不遺餘力；對于限制外人農業條例之頒佈，即無異謀稻田之保護；必使外米輸入逐年減少。此舉二十世紀中葉已獲得成功。一九一〇年至一九一四年平均輸入外米二十二萬公噸。一九三一年至一九三五年平均爲三十七萬公噸。一九三九年減爲二十六萬噸。一九四〇年更減爲四萬噸。至其輸入價值，一九一〇年至一九一四年平均爲五千八百萬盾，一九二五年至一九二九年平均爲八千五百萬盾，一九三六年及一九三七年各減爲一千一百萬盾，一九三八年爲二千二百萬盾，一九三九年爲一千八百萬盾。

（二）　米穀輸入許可制

東印度政府對于米穀問題雖極關心，爪哇之米價仍每爲低廉之外米所左右，致不利于本地之產米，並影響其雜糧玉蜀黍之價格。當第一次世界大戰時，海運之昂貴與夫歐洲各協約國因供給其需要而大事收購，刺激米價上漲不已。東印度政府爲防止糧食之缺乏，及投機者居奇起見，乃變更原有自由購買之米穀政策，施行統制，並從事囤購大戰結束後世界航業恢復原狀，米業暢旺，此政策遂行廢止。使米穀市場自然放任。及一九三〇年後世界米業受不景氣之影響而發生價格之慘落。致爪哇米價亦形下落。使數十萬之小農，蒙受莫大之損害。同時因爪哇蔗糖業之衰落引起大量種稻之新發展。蔗田面積由一九三〇年之四十八萬英畝激減至一九三三年之三萬英畝，一九三六年之九萬英畝。且甘蔗須一年半始長成，而米穀反年可收割兩次，東印度政府及其人民爲利用此時機，力求米穀及其他雜糧之推廣，同時復謀阻止廉價外米之輸入。乃採米穀輸入許可制。依該制政府于必要時得禁止全部外米之輸入。此種政策實行後，政府又厲行直接購買儲備，而不使商人投機。故其儲備政策頗爲成功。一九三九年國際局勢不安後，東印度乃設米倉囤米，以備人民之需。待米價高漲時，將其拋出。該年政府米倉自爪哇米廠購囤之米，約達東印度產米百分之二十。此外復頒佈强迫種稻令。一九三八年外島僅產米十六萬噸。一九三九年增至二十二萬噸。一九四〇年又增至二十七萬噸。再以東印度羣島而論，一九三一年至一九三五年平均產米五百五十萬公噸，一九三七年增至五百七十萬公噸，一九四〇年更增至七百萬公噸。于此可知東印度米業發達甚速。

第二項　爪哇稻之栽培法及其水利

（一）產稻區域

東印度產稻之區，爲爪哇、巴利、龍目及西里伯斯島南部而已。若蘇門答臘、婆羅洲、新幾內亞各大島，則不產之。稻田分水旱二種。水田隨處可以築堤蓄水，以便灌溉。栽培時先養苗後插秧。大陸與島國相同。爪哇水田面積甚廣，佔稻田總面積百分之九十，有九百萬英畝。水田又分爲灌溉田與雨水田。前者因水利如意，一年可收穫二次。如係特上田，則兩年可收穫五次。至于雨水田，則全視雨水之潤澤與否而定，等于吾國高地之田，全恃降雨之多寡，以卜收穫之豐歉。稻田宜于不透水之黏土。爪哇土壤多爲火山噴出之泥土，極帶黏性，且甚肥沃，故極適宜于稻之栽種。至其氣候及雨量，務須高温多雨。所謂炎風暑雨者，始得稻之豐登。而爪哇在熱帶圈內，極合此種條件，故爪哇得年產六七百萬公噸之米。種稻與種麥不同。麥宜于透水之沙土，亦宜于乾燥寒冷，而爪哇之氣候土壤及雨量，均與此相反，故並不產麥。世界產稻之區，以一九四〇年而論，以我國爲第一，該年產米四千八百萬公噸。印度次之，產三千八百萬公噸。日本又次之，產一千七百萬公噸。緬甸、越南、東印度又次之，各產七百萬公噸。暹羅又次之，產五百萬公噸。菲律賓又次之，產二百萬公噸。我國長江流域及日本各地，爲一季稻，即一年僅能生產一次者。珠江流域之下游及其北部，緯度較低，雨量較豐，温度亦高，爲二季稻，即一年可產稻二次也。中南半島及印度半島緯度更低，常年高温多雨，爲三季稻。如印度恒河下游之三角洲、緬甸伊洛瓦底江下游之三角洲、暹羅湄南河下游之三角洲、越南湄公河下游之三角洲，皆爲世界有名之產稻區域。若爪哇，因無大河流之天然灌溉，故僅爲二季稻。依上所述，可知世界稻生產量之百分之九十五皆集中于亞洲，尤集中于亞洲東南部季候風區域。故季候風與稻之生長，亦有密切之關係，與稠密人口同。

（二）講求水利

爪哇水利之講求，在世界各國無出其右者。以政府與人民之共同努力，造成今日沾潤水利之水田，已達水田總面積百分之八十。今並推及于蘇門答臘、西里伯斯、婆羅洲各島。當一九一九年一年中，爪哇水利工程完工者，卽達七處。一九二一年爪哇田畝之永得利用灌溉設備者爲五十八萬公頃，佔總數百分之二十一。正當進行灌溉工程者達三十萬公頃，佔百分之十一。又正在研究或計劃中者，計四十一萬公頃，佔百分之十七。餘一百四十萬公頃尚無何等計劃。現爲時已隔二十年，其各種灌溉計劃，當早已完成。荷人善于治水，已爲世界所公認。因其地低于海平面，而有低地國家之稱，故不得不加以研究，以防海水之汎濫。結果將海塡成陸地，遂有上帝造海，荷人造陸之諺。故對于爪哇水利之講求，不遺餘力。爪哇之水利，卽于稻田之旁，開闢無數大小之渠，用石塊築成堤岸，而每渠皆設水閘。當稻田需水灌溉時，卽將大渠之水閘開放，以便流入于小渠。又將小渠之水閘開放，以便流入田中，且可由此田流入于彼田。當西南季候風起時，稻田之農事已畢，無用水之必要，則以其水移于蔗田地內。如稻田土地不許種甘蔗或烟草時，即種二次稻，或玉蜀黍、落花生之類。如用水不足時，則依晝夜輪灌法，晝間大半灌溉蔗田，其餘小半及夜間則灌溉稻田。至于排水及築路，概爲公設。爪哇多雨，如降雨過多時，則關閉小渠之閘，而開放大渠之總水閘，使流入于海或河中，以免禾苗爲水所淹。但終年大小渠中之水，皆常低于堤岸尺許。不問其爲天雨或天旱，渠中皆有水。

（三）男女分工

爪哇稻田耕耘之事，皆爲男子之責任，而插秧與收穫却爲女子之事。其收割時所用者爲小刀而非鐮刀，故工作甚緩慢。東印度政府曾諄誡再三，使其用鐮刀以收速效。而爪哇人反答曰：「世界諸多不幸之事件，皆係由急促而來。吾人何必吝惜時間。」觀此可知爪哇人之不吝惜時間，正如彼輩之不吝惜新鮮空氣與陽光同。此實應改良者。收割時農人必舉行野宴，以慶豐年，以謝神明；然亦爲男女求愛之時期。以斯時家中有糧有財帛，可以養活其家室也。旱田則直接播種，藉雨水之力以發秧，故種時多在雨季之十一二兩月，收穫則在閏年之五月。旱田面積並不大，在爪哇僅佔稻田總面積十分之一而已。

（四）華僑米廠

稻田雖爲爪哇人所種，然各處之米廠，皆爲華僑所經營。當米穀登場時，爪哇人即將稻送廠以取其値。但多有先借廠方資本以爲農事之用，俟收穫後卽償其債者。此亦信用借款之一法也。東印度輸入之米，多來自西貢、曼谷、仰光，在昔三地輸入之噸數雖年有不同，要以西貢爲最多。一九三七年米之輸入值一千一百萬盾，佔輸入之第十一位。中以新嘉坡爲最多，約值五百萬盾。但新嘉坡並不產米，其爲西貢與曼谷之轉口貨可知。次爲仰光，值三百餘萬盾。此係直達于東印度者。越南、緬甸、暹羅米之產量與東印度同，已如上所述。其所以有大宗輸出者，以各該國之人口僅各爲一千五百萬至二千一百萬，而東印度人口則達七千五百萬故也。

（四） 機械化之美國稻作

東印度對于稻作雖甚講求，然一較現代美國之稻作，則相差甚遠。一九四四年吾國農業專家趙連芳博士曾曰：「近十年來美國稻作進步已達于完全機械化之地步。西部及南部水利制度之完成，稻田每單位均有數千英畝。農家向水利公司購水，此公司卽指定水稻品種及決定供水深度。播種採直播或飛機播種，已無插秧之煩。收穫亦全用機器，進步極速。此若干水利公司皆爲私人所有，信用甚佳。新式烘倉尤有進步。袋裝之稻穀入內，經乾燥過程，百分之十四水份因而蒸發，可供長時貯藏。稻穀內之營養成分在一定之機器中亦用眞空加熱，將此穀殼及胚芽中之若干營養成分壓入澱粉質中。經此過程後，米之營養價值大增。」觀趙氏之言，爪哇水利雖甚講求，終不若美國現代化水利之尤爲便利，而稻田單位過于狹小，難以用機器收割。至于用飛機播種，尤爲印度尼西亞人所夢想不到者。直接播種，不用插秧，亦爲稻作上一大改革。此東印度農人之所宜借鏡者也。

第二節　在東印度經濟上佔重要地位之印度尼西亞人咖啡業

第一項　東印度咖啡業發展之經過

（一）咖啡移植史話

咖啡原出自非洲之阿比西尼亞國家。降至十五世紀，始移植于阿拉伯半島之上。其後因種植良好，遂造成阿拉伯海口麥加被人視爲咖啡之故鄉。又其後麥加之朝香客將阿拉伯咖啡帶回各回教國家，並發現咖啡可以代替可蘭經所禁用之烈酒。于是咖啡之名，遂漸傳佈至西方。一六五二年，倫敦第一家咖啡店開始營業。七年後便風行于巴黎。咖啡在東印度之種植，其年代實後于甘蔗之種植。一六八九年印度瑪拉巴地方始自阿比西尼亞國輸入咖啡樹。一六九六年因而移植于爪哇。一七〇六年荷蘭東印度公司以爪哇所產咖啡貨樣數磅及其苗本一株，第一次運至荷蘭。荷人乃將苗本植于阿姆斯特坦之植物園內，使之繁殖。據云有人將園中之咖啡樹，秘密偷斫運至巴黎之植物園內，在巴黎長成甚大之樹。一七二〇年又有人將巴黎植物園內之咖啡樹折取一枝，寄與西印度羣島馬尼提克之法國總督。據云此一株咖啡樹，遂繁殖于西印度、中美南美之大莊場，而造成今日中南美咖啡已供給全世界百分之八十八之產量。惟荷屬西印度之咖啡，其種子則係由阿姆斯特坦植物園中所供給者。

（二） 强種咖啡制度

一七一一年荷蘭東印度公司，復以九百磅之咖啡運至荷蘭銷售，每磅得價一盾零七仙，利益甚大，並獲得良好之批評，于是公司强迫當地人民須繳納一定數額之咖啡以供輸出。一七二四年爪哇復有百萬磅以上之咖啡運往荷蘭，大爲歐洲方面所歡迎。使公司益致力于爪哇咖啡之種植，並施行强種制度，規定每家印度尼西亞人須種一千株之咖啡。致使公司職員乃利用爪哇蘇丹及其官吏之經手，互相勾結，以侵蝕其收買之代價，而以一仙錢一磅之代價，收買其所剩餘之咖啡。復任意摧毀印度尼西亞人之咖啡園。其據以爲或毀或獎勵之標準者，乃歐洲咖啡市場之盛衰。目的不外維持咖啡之市場，以保存公司之利益也。因之公司及職員，蘇丹及其官吏從中獲得極大之利益，而印度尼西亞人苦之。一八一〇年英人佔領爪哇後，乃廢止强種制度，並定租稅法及收買章程，規定國有之咖啡園人民亦可租種，以期努力增加生產。一八一五年爪哇出口之咖啡達十萬擔。一八一六年英荷條約成立後，爪哇再歸荷蘭，並不改英人之租稅法，而國有之咖啡園，亦照舊任其附近居民租種，以其收穫三分之一或二分之一入于官，其餘得由農民自由售于政府。爪哇之咖啡業，遂因之益形發達。既而政府復低其買價，並禁止私有倉庫。其業頓衰。政府爲維持生產計，一八三二年頒布咖啡令，復施行强種制。此後數十年中咖啡均由政府統制。一八三〇年東印度咖啡產額達三十萬擔。一八四〇年增至四十萬擔。一八五〇年至一八八〇年平均每年增至八十萬擔。一八七〇年現行土地法頒布後，强種制度遂于一八九一年完全廢止。一九一九年官營咖啡園告始消滅。

（三） 限制生產

一九二九年後，咖啡與其他農作物相同，受世界不景氣之影響，致種植者蒙受莫大之損失。東印度政府以生產過剩，乃限制生產，及其種植面積。一九三三年乃頒佈非常時期咖啡可可令。一九三五年又頒佈栽種咖啡令。一九三六年復頒佈苗本及種子輸出令。不特此也，即世界最大產咖啡國家之巴西，自一九三一年至一九三七年間，政府曾出資向人民收買三百萬公噸之咖啡，或以火油焚燬，或沉諸大海，以減低其儲藏量，而維持價格。但此種驚人之損失，驟觀之似不甚合算，若加以細密研究，則此種焚燬之損失，即取償于提高之市價中矣。

（四） 外人咖啡園與印度尼西亞人咖啡園

東印度之咖啡業，分外人企業園之咖啡，及印度尼西亞人所種之咖啡。二十年以前，外人企業園之咖啡，常多于印度尼西亞人所種之咖啡；而今日印度尼西亞人所種之咖啡，已多于外人企業園之咖啡。依一九三七年而論，其比例外人企業園之咖啡爲百分之三三・二，而印度尼西亞人所種之咖啡，爲百分之六六・八；卽印度尼西亞人今日咖啡之產額，已倍于其二十年前之產額也。外人企業園之咖啡種植最盛之地爲爪哇之麥斯基、瑪瓏、諫義里及蘇島之西海岸與蘇南、蘇北、西里伯斯之萬鴉老。印度尼西亞人所種之咖啡，其中心區域爲中爪哇之北加浪岸、三寶瓏、萬都、文里粉等地。外人企業園之咖啡，其投資爲一萬萬三千萬盾；而印度尼西亞之咖啡，則無所謂投資，以其自有土地自有勞力，僅視其勤惰與否而卜其收成之豐歉。總之，印度尼西亞人之咖啡業在今日東印度經濟上佔極重要之地位。

第二項　咖啡之栽培法

（一）栽培法

咖啡爲常綠小灌木。高至十公尺許。其培養以拔海三四千英尺之高地爲宜。地高則害蟲少，且樹齡可延至四五十年，故傾斜之普通農園亦多種植之。氣候以熱而潮濕，土地以肥沃而便于灌溉者爲宜。雨量以年有七十五吋至一百二十吋分配得宜者爲佳，但開花時，其氣候宜晴，如過天雨，則花粉難于受精，收成必劣。果實爲漿果，肉質紅色，大如胡桃，含二種子。此種子已乾者稱爲咖啡。炒之製爲粉末，浸于熱湯及牛乳中供飲料，味甚佳。咖啡係用種子繁殖，種時卽將土地掘成穴，無需遍土耕鋤。每隔十英尺栽種一株，並須蔭蔽，種後六星期卽發芽，三月後，加以鋤耨，以後卽無需耕耘。但必須在其樹枝上加以修剪，使不致高過六英尺，以免採摘者之困難。小枝亦須修剪，務使一切精液皆集中于大枝之內。因種子之不同，故每英畝有種三百株或四百餘株者，亦有種一千二百株者。最足摧毀咖啡者爲寒冷遇熱與乾燥之大風，若不設法保護，則向風之樹葉，必大受損害。

（二）改良品種

東印度咖啡之品質早經統一。在昔所種爲阿拉伯種。一八六九年錫蘭咖啡發生病害後，蔓延至蘇門答臘及爪哇。一八七五年乃改種非洲之利比亞種，因其抵抗害蟲力弱，一九〇〇年又改種非洲剛果之羅布斯達種。以其對病菌抵抗力强，易于栽種，結實亦多，故種者甚有利。今日東印度所種之咖啡，多爲羅布斯種。咖啡採摘後，卽剝其外殼，而取其種子。其色青如橄欖然。置于堆棧之地板上，不久便成微黃。咖啡如麥酒然，愈陳愈香。故其輸往國外也，在船中可使之散氣而燻乾，使之益有香味。茂勿之咖啡製造廠，較世界任何咖啡廠爲科學化。每日可以提煉咖啡二萬磅。

第三項　東印度咖啡在世界市場之地位

（一）世界兩大飲品

世人各有所好。我國人喜飲茶，德人喜飲啤酒，法人喜飲葡萄酒，愛爾蘭人喜飲大麥酒，而美國人則獨嗜愛咖啡。在一九四〇年美國已消費價值一萬萬三千萬金元之咖啡，為世界咖啡最大之主顧。咖啡與茶為世界兩大飲品。以地理上言，亞洲大陸民族多飲茶，島國及歐美則多喝咖啡。故茶之普及，究不若咖啡之廣也。一九三六年世界輸出之茶，為三十八萬公噸，而咖啡則為一百六十四萬公噸，是咖啡已為茶輸出之四倍有奇。一九四〇年世界產咖啡一百九十萬公噸，而茶則產八十萬公噸，是茶之產額僅為咖啡五分之二。

（二） 世界咖啡總產量

世界產咖啡國家以巴西為第一，有三十萬萬株咖啡樹。一九四〇年產一百二十五萬公噸。佔世界總產量百分之六十六。其次為哥倫比亞，產二十七萬公噸，佔百分之十四。再其次為東印度，產十一萬公噸，佔百分之六弱。而中美諸國合產二十二萬公噸，佔百分之十一。巴西之咖啡，多銷售于美國，常在四十萬公噸以上，值七千萬金元。而中美之咖啡，則多銷于歐洲。東印度之咖啡，則多銷售于荷、美、法、丹、意諸國及亞洲國家。故東印度之咖啡，亦自有其世界之地位。一九二八年東印度咖啡輸出約十二萬公噸。其後漸減，一九三九年減至七萬公噸。大戰發生後，咖啡市場更劣。一九一〇年至一九一四年，東印度咖啡輸出價值平均為二千一百萬盾。一九二五年至一九二九年平均為七千二百萬盾。一九三〇年至一九三四年平均為二千八百萬盾。一九三五年至一九三七年平均為二千萬盾。一九三八年減至一千四百萬盾。因其市場多在西歐，故戰事發生後，即大受影響。一九三九年又減至一千二百萬盾，一九四一年咖啡市場似有一線曙光，但東印度咖啡商人能否獲利，尚難逆料，因其大部海外市場均已喪失也。歐戰未爆發前，東印度咖啡在歐洲市場，每年平均輸出五萬三千噸，現已無法輸出，且價格低落。一九三七年每公噸尚售二百五十盾左右，迨至一九四〇年德侵荷蘭後，已跌至一百二十五盾，爲前時價格之一半。卽輸往美國之希望亦甚微，且無把握。美洲出產咖啡者有十四國家，年前曾一度召集會議，規定供給量約九十五萬噸，不敷之數量約二萬噸，始由各國輸入。美國市場既阻塞，唯一希望繫于亞澳兩洲之市場。一九三〇年東印度咖啡對亞洲輸出爲一萬一千噸，一九四〇年已躍增至一萬七千噸。對澳洲及阿拉伯市場一九四〇年共輸出九千噸。茲將十年來東印度咖啡之產量列如下表：

一九四〇年	七七、六四七公噸	一九三五年	一一〇、九四七噸
一九三九年	一一三、三一九公噸	一九三四年	一一三、〇三六噸
一九三八年	一〇七、三〇八公噸	一九三三年	一〇六、四四四噸
一九三七年	一二七、四〇四噸	一九三二年	一三二、六七三噸
一九三六年	一二四、九一三噸	一九三一年	一〇三、二四四噸

第三節　普遍羣島之椰林

第一項 椰之栽培法

（一）椰之功用

椰爲東印度及阿非利加洲之原產熱帶植物也，故東印度羣島幾于無處無之。馬來人稱爲加巴，英人稱爲可可那，國人稱之爲椰子，係常綠喬木，幹高自五丈至十丈許，周圍三尺以內。葉大羽狀，分裂叢生于樹幹之頂上。果實每年生數十枚，長形有三稜，長七八寸，徑四五寸。樹幹木質堅牢美麗，可供建築及器具之用。樹液含糖分甚多，用以釀酒，味亦美。葉可供蓋屋頂之用。果皮外圍之纖維甚强韌，可製繩索及燃料之用。果皮內圍之一層，甚堅牢，可代玻璃盃用爲飲器。吾國樂器有所謂檳榔包者（絃琴）即此椰實之內圍所製成也。然其最重要之部份，則爲白色之椰肉。此肉在內果皮之內圍，爲堅胚乳，含有多量之油質。剖而乾之，稱椰干，可以榨油。此油爲蠟燭肥皂及石鹹之原料，或供人造牛油，或供機器油，或供藥用，或供烹調及燃燈之用。椰子製油發明于一八七一年。最初在歐洲，今則東印度各地皆有椰油廠。在堅胚乳之內部，有汁液如乳樣者，爲印度尼西亞人之重要飲料，謂之椰漿，味甚鮮美，飲之可以解渴。總之椰之功用實甚大，熱帶人民之主要農業，除種稻外，椰實居其首。

（二）栽培法

椰性喜低濕，根深不畏風，多繁殖于沿海河岸之地，而高至二千尺之處，亦能生存。椰樹結實之期，在植後六七年。初尚無利可圖，十年之後，結實漸多，始有利益可言。其開花四時不斷，每月均有成熟之椰實，通常爲十五顆，以年計之，則一百八十顆也。結實最盛之期在十八齡至二十齡之間。實之大小因種而異，有三千五百顆即可製椰干一噸者，亦有須倍其數者。椰干一噸可榨油一千二百磅，椰餅八百磅。又每千椰實可得製造繩索之纖維一百六十五磅。新鮮椰肉含水分百分之五十三，而乾燥後之椰干則含水分百分之二至百分之七，含油量百分之六十四至百分之七十一。椰油有冷榨及熱榨兩種，冷榨油可食，熱榨油僅可供肥皂蠟燭之用。據西人統計，苟種百英畝之椰，其費用十年以內須一萬五千元。然其利益在六年後年可得三千元；十年後則年可得八千元至一萬元，故椰業獲利甚厚。

第二項　東印度椰業在世界市場之地位

（一）　世界椰業概況

東印度椰業，全操諸印度尼西亞人之手中，佔產量百分之九十五，若外人企業椰園，僅佔百分之五而已。外人椰園之投資爲五百萬盾，若依此比例，將印度尼西亞人之勞力及土地一並計算，則印度尼西亞人對于椰業之經濟力量，當在九千五百萬盾。世界產椰面積爲四百萬英畝以上，以南洋爲第一位，佔一百九十萬英畝。錫蘭次之，佔七十五萬英畝。南美又次之，佔五十二萬英畝。印度及非洲又次之，前者佔四十五萬英畝，後者佔四十萬英畝。太平洋各島嶼及西印度羣島最少，前者佔二十七萬英畝，後者佔十二萬英畝。世界椰干輸出，以一九三六年而論，總共爲一百八十萬噸，以菲律賓爲第一，佔六十一萬噸；次爲東印度，佔五十二萬噸；再次爲大洋洲，佔二十二萬噸；錫蘭佔十七萬噸，麻六甲佔十六萬噸，其他國家佔十二萬噸。故東印度椰業佔總輸出百分之三十四。惟東印度人民對于椰之需要，大有一日不可無此君之勢，故無家不種之。以東印度七千餘萬之印度尼西亞人計算，平均一日每五十人食一椰，則每年所消費者當在五萬萬顆以上。若菲律賓僅有一千餘萬人，其所消費當少于東印度。故世界椰之產量，當以東印度爲第一。

（二） 東印度椰干之輸出

椰干輸出，在東印度經濟上佔極重要地位。其輸出一九二八年至一九三四年平均爲四十九萬公噸，一九三五年至一九三九年平均爲五十二萬公噸。其輸出價值，一九一〇年至一九一四年平均爲五千二百萬盾，一九二五年至一九二九年平均增至九千五百萬盾，一九三〇年至一九三四年平均降爲四千四百萬盾，一九三五年至一九三九年平均更降爲四千萬盾，一九四〇年因歐戰關係，更低至一千二百萬盾。至其輸出國別，以荷蘭及星洲爲第一，常各在一千五百萬盾；次爲德、意、挪威諸國，各爲數百萬盾。第二次世界大戰，歐洲淪爲戰場後，東印度之椰干業遂一蹶不振。

第四節　印度尼西亞人之數種重要農業

第一項　東印度之胡椒業

（一）栽培法

胡椒爲東印度及印度之原產，爲蔓生植物，長至一丈餘，須有棚架以扶持之。棚架須用木製。植時用插木法。植後三四年即可結實，結實最盛時在第六七年。如培養得法，其生產力可繼續十二年至十五年。實爲球形，纍纍如串珠，初綠色，熟則呈紅色。此紅色之果實乾燥後，則皮上生皺，色亦變黑，稱爲黑胡椒。浸于水中，用揉搓法以除去其皮，則爲白胡椒。黑胡椒味較白胡椒爲厚，但其價格則較白胡椒爲低廉。胡椒味辛而芳香，故其粉末可供香料及藥用。性喜植于濕熱之氣候及富有腐植土之土壤，但不宜于火山灰質之土壤。年可收穫二次，初次在三四月，二次在八九月。第六七年後，每蔓可產乾椒三磅至三磅半。如每英畝植九百蔓，則每年可產乾椒二千五百磅至三千磅。東印度產胡椒區域，以邦加、蘇門答臘爲主要產地，而西婆羅洲、古達、馬路一帶亦產之。經營之者，百分之百爲吾僑及印度尼西亞人。

（二）胡椒之輸出

東印度胡椒在世界市場之地位，一九三六年佔世界總輸出百分之九十二。該年世界輸出胡椒爲八萬五千噸，而東印度則佔七萬八千噸。至其輸出價值，一九二五年至一九二九年平均爲三千三百萬盾，一九三〇年至一九三四年平均降至二千一百萬盾，一九三五年至一九三九年平均更降至九百五十萬盾。胡椒業雖愈趨愈下，然在印度尼西亞人經濟上頗佔重要地位，卽在世界生產上亦處于獨佔之地位。茲將六年來東印度胡椒之輸出量表列如下：

一九三七年	三一、〇四二公噸	一九三四年	四八、一八一公噸
一九三六年	七八、〇六二公噸	一九三三年	四四、〇一四公噸
一九三五年	五八、四五一公噸	一九三二年	三五、五八五公噸

第二項　獨佔世界生產之東印度木棉業

（一）新　功　用

木棉爲南美之原產物，但南洋各地自古多已產之。係常綠樹木，高百尺許。其木材甚輕，大者可刳爲獨木舟。其板片先浸于石灰水內而後用之，雖曝于風雨中經數年之久，亦不起變化。棉實內所生之棉，卽爲其主要產品，可作裝塞墊褥之用。裝塞時須有彈簧以資保護，其纖維不吸收濕氣，質軟而輕鬆，富有彈力。又因其浮力甚大，可

印度尼西亞人之農業　一二三

製爲海行中之救命具。有數斤木棉，卽足以在水中護一人不致下沉。惟其纖維短而鮮鱗片，故不適于紡織之用。

木棉之發現，屬于自然情勢。在昔荷人初至爪哇殖民時，卽見印度尼西亞人將木棉作墊褥及其他物件，與歐洲人所用者相同。天賦與木棉以漂浮性，致不易腐爛，亦不畏水。木棉之栽培不擇土質，僅需要多量之雨量，亦需要陽光以助其發芽。開花後，卽結成棉實，長可四吋至七吋，其中卽木棉。中有核，卽種子，可榨油。爪哇最上等之木棉，較普通軟木之浮性增加六倍，爲其他普通物膨脹性之二十倍，爲一般普通物浮性之三十八倍。若將木棉裝于橡皮袋中，一人坐于其上，在水中可以上浮兩月之久。在戰時木棉之價值，不僅限于墊褥及製造其他物品而已，軍用品尤爲相宜。第二次世界大戰發生後，木棉之功用，又有新發現。可用于收音機中減輕噪音，尤以用於戰車及飛機中爲最宜。製造飛機如以木棉製成墊子，更可減輕其重量。

（二）　世界木棉生產概況

木棉一名吉貝，或作古貝，又稱加薄，皆馬來語。李時珍曰：木棉今人謂之斑枝花，訛爲攀枝花。此吾國之稱呼，也，西人則以絲光棉稱之，以其纖維光澤如蠶絲。木棉之收穫與草棉無異，去殼脫子，均可以手爲之。如欲得上等木棉，必須使用機器，使其少夾雜物。

爪哇木棉產量之多，與其品質之美，同稱世界第一。一九三六年世界共輸出木棉三萬六千噸，而東印度爲二萬八千噸，佔世界總輸出百分之七十七。其他越南爲三千噸，印度爲一千六百噸，菲律賓爲一千噸，錫蘭四百噸。爪哇木棉之收穫期，在其他作物收穫之後，木棉之栽種地宜于近海岸之區，因其體積大而重量小，否則搬運費用無形增加。爪哇木棉之產地多在中東兩部，而以吧、泗、壠三地爲其交易市場。一九三七年爪哇木棉輸出値七百萬盾，因歐美不產木棉，故其輸出地以美國爲第一，荷蘭次之。爪哇木棉多爲印度尼西亞人所種植，幾已佔其產量百分之九十。若外人僅佔百分之十而已。茲將六年來東印度木棉之輸出量表列如左：

一九三七年	三六、七〇八公噸	一九三四年	四五、四一五公噸
一九三六年	四七、七二六公噸	一九三三年	三八、七一三公噸
一九三五年	四〇、五〇八公噸	一九三二年	三三、九四二公噸

（三） 爪哇木棉之統制

一九三二年後，木棉價格日趨下落，致爪哇之輸出漸形減少，由一九三二年之百分之八十二，減爲一九三七年百分之七十一。因之東印度政府乃于一九三五年頒佈特別法令，設立木棉輸出業公會，以解決木棉問題，凡公會會員，均可給與輸出許可證。又設立一特別木棉局，爲半官半商之顧問機關，對輸出量採放任主義，而以不低于特別局所定之價格爲條件，蓋以保護此獨佔世界之生產也。時値美國經濟甚爲景氣，故爪哇百分之五十之產量，皆輸往美國，因之爪哇木棉業尚稱平穩。及至一九三七年，美國情勢已變，爪哇木棉遂限于停滯。于是東印度政府乃施行統制政策。首先規定一九三七年之輸出，不得超過一萬五千噸。此外並以特別資金收購存貨一萬噸，以減輕對市場之壓迫。此種資金由銀行借款，由政府負責償還。因之政府乃于每百公斤之下，徵收十五盾之輸出稅，爲之抵補。一九三八年輸出量再減爲一萬三千噸。木棉之價格，最高之一年爲一九二六年，每公擔爲一百四十二盾餘。此後與年俱減，一九三五年爲最低之一年，不及二十七盾。一九三九年又升至四十四盾餘。

第三項　爪哇西穀米與碩莪粉之栽培法及製造法

（一）茨之沿革

西穀米與碩莪粉同爲澱粉質，惟西穀米取自茨之塊根，而碩莪粉則取自碩莪樹之樹幹。茨爲南美巴西之原產。荷人來爪哇之前，茨已移植于亞洲。蓋其先由巴西移植于非洲東海岸，後經印度東印度以達我國。西穀米植物名爲加沙瓦，西人稱之爲打皮加，吾國人稱爲西穀，亦云西米，以其來自西洋也。華僑則稱之爲茨。有片粉粒三種。西人用以爲餐食，亦爲印度尼西亞人之重要糧食。又可爲製餅乾及酒精之原料，亦可製爲糊漿以供織布之用。爪哇茨爲一年生植物，分甘辛二種。其塊根長約三十至四十五公厘，富于澱粉。剝皮之根，約含無水狀態之澱粉化合物百分之八十八。

（二）爪哇爲茨唯一產地

東印度產茨之地幾全部在爪哇。種茨爲印度尼西亞人之農業。西人雖有種植者，但其比例爲八與二之比。茨雖爲印度尼西亞人所植，而經營茨粉廠者，多爲華僑。現政府爲預防食料品之缺乏起見，强制各地人民須保存一定量之茨。一九四〇年爪哇茨之面積爲二百六十萬英畝，約產塊根六百萬公噸。此次產品除就地消費外，尚輸出價值一千三百萬盾之鉅額，中以美國爲最大主顧，值八百萬盾，已佔其輸出額百分之六十。

（三）碩莪之功用

碩莪爲東印度之原產。以爲常綠木本，高至五十尺許。葉大羽狀，叢生于幹之頂上，印度尼西亞人以之編爲亞達，可葺屋。幹內有白色柔軟之部分，由此部所採之澱粉，即爲碩莪。印度尼西亞人自昔即以之充食糧，故于其生活關係至爲重要，而其用途亦較打皮加爲廣。碩莪果汁可製酒，即所謂椰子酒，而非 Coconut 所製之酒也。其實可作羹或餅干。昔我國舟子以其纖維爲舟塡塞隙漏之用，故吾國又稱碩莪爲西穀椰子。而華僑則稱之爲樹薯，以其澱粉質可食之部分來自樹幹內也。

（四）碩莪之製造

碩莪喜繁殖于氣候低濕之土地。婆羅洲內地河岸及沿澤地帶皆其密林也，而摩洛加羣島及新幾內亞島亦爲碩莪之產地。其樹達十齡前後放花，于時剖其樹爲若干段，碎其髓肉以水洗之，去其纖維而取其澱粉，然後加工精製，製爲粉者稱爲碩莪粉，製爲粒者稱爲碩莪粒。惟其幹于花開結實後，不數年即徐徐枯死，幹中雖含有多量之澱粉，但結實後即成空洞。是以採伐此木，必以花前爲宜。樹幹既伐之後，宿根仍能萌芽而發育成林，屆放花期又可作二次之採伐。碩莪粉除就地消費外，一九三七年輸出約值二百萬盾。

第五節　其他農業

第一項　次要農業

（一）甘密　典瑪

甘密吾國唐時稱爲阿仙藥，或稱兒茶，自一種植物嫩葉及枝條中所取出之單寧劑。栽培時，如種于一千二百尺至一千五百尺之高地，陽光充足，土地潤濕，平均有三千粍雨量之地爲宜。植後一年即可得第一次之收穫。此後每半年一次，樹齡可延長十五年至二十年。收穫時，以剪剪其細枝，但須距總幹二英尺之處下剪。印度尼西亞人甘密園收穫最盛時，僅得五六年，十二年卽無收穫者，卽以剪枝時距離總幹太近之故也。甘密葉摘後，卽須運入工廠，以爲製造單寧之原料。工廠通常設于林藪及小河附近之處，爲便于得燃料及水故也。廠內設備甚簡單，僅爲鍋與桶。鍋以煮葉，桶以容液。煮須二次，每次均以清水洗之。洗後之水，亦含有單寧，故可用之更煮新葉。二次加煮之液，俟濃至適當之程度，挹入小桶中，其溫度低至攝氏三十五度時卽凝固。初凝固時如糊，入于木製之模型，經十二小時後取出，而任意切爲小塊，卽出口貨骰形甘密也。但其外部及切口處均呈暗色。其明暗程度之差別，以單寧酸及越幾斯含有量之多寡而定。骰形甘密之製法爲印度尼西亞人製法。歐人製法所產者爲長方形甘密。長方形甘密較骰形爲純潔，且已十分乾燥，惟含單寧較少。如製法得宜，則呈褐色而帶淡紅，內部則爲淡黃色。製甘密時，須和以少量之米糠，蓋一則使其形不變，一則增其多孔性也。大致十至十五立特爾之甘密越幾斯，至少須二百格蘭姆之米糠。甘密之用途甚廣，其主要者爲鞣革。凡製馬具及皮護腿等之皮革，如不用甘密，則其色之濃淡，頗難均一，且視之亦不甚淸潔。絲織工業，用甘密之處亦多。釀造業亦用之，以澄淸飮料或沈澱蛋白質。醫家亦以之爲收歛劑。製造漁網及帆布亦用之，以增其滯澁之力。而印度尼西亞人及印度人則恒以之爲嚼料。東印度產甘密之區爲蘇島東西海岸、寥島及西婆羅洲一帶。產量雖多，而輸出僅其小部分。近年來西人種植甘密者亦多。東印度甘密之產量，年約產一萬公噸，輸出量爲六千公噸，値一百二十萬盾。

典瑪爲樹脂之一種，亦稱樹油，似松香，可作製洋漆之用。東印度之產地爲西里伯斯、婆羅洲、及摩洛加羣島。

年產五六千噸，多運銷于歐洲。一九三七年樹脂之輸出值四百萬盾。

（二）檳榔舌柯

檳榔爲東印度之原產，木本高約三十尺。樹幹直立無分歧者。每樹約有三四穗。每穗結實三四百顆，即檳榔也。檳榔于健胃利尿之外，可以强齒，故當地人民每日咀嚼之。種時每英畝可植六七百株。種後無須耘草及施肥，亦不畏蟲害，可任其自然生長。四五年後，即能開花結實。結實期間，通常爲十五年至二十年。實須經乾燥後，乃能上市。以日光乾燥者，謂之巴拉檳榔。以檳榔殼熯乾者，曰沙來檳榔，價最昂貴。東印度各地均產檳榔，中以爪哇爲最。第以人口衆多之關係，消費甚大。一九三七年輸出值二百萬盾。

古加爲南美洲之原產，野生于秘魯及玻利維亞之山地。一八七八年始移植于茂勿之大植物園內。今以五十年之經營，爪哇遂爲古加重要之生產國。樹爲灌木，高至六尺餘。葉長橢圓形，互生，稱爲古加葉。在行小手術時，用以注射，可使局部麻醉。栽培後第一年，即可採集其葉。以後可繼續採二十年。第四五年之葉含植物鹼最多，故每乾燥之以製麻醉劑。爪哇種含植物鹼量爲百分之一·二至百分之二·七。一九二五年以前產量甚多，年產一千公噸，邇來已大減少，僅產一百公噸。

（三）香料

丁香、肉豆蔻、白樹油爲摩洛加羣島之原產，故摩洛加羣島又稱香料羣島。在昔此等香料，皆爲葡人及荷人最早注目之商品，致釀成葡荷之爭奪戰，而東印度之淪亡于荷人也，亦以香料。惟目前已無昔日之繁榮。主要產地爲安汶干那低萬達羣島。丁香常綠木本，高至二十餘尺。花常數花聚生，花瓣淡紅色。此植物之花芽，爲芳香之調味藥。又將花芽蒸餾之，製成揮發油，謂之丁香油，以治齒痛立愈。丁香又名雞舌香，通常植後六年始可收穫。每樹可產十五公斤至二十五公斤。東印度年產丁香數百噸，多運銷國外。

肉豆蔻在我國南部及西印度羣島與錫蘭島亦產之，爲常綠樹木，高至三十尺許。果實爲肉果，在肉質之果皮內，有紅色假種皮，假種皮內有種殼，質堅。殼內有仁。其假種皮及仁有香味，可供調理之用，或有用爲消化藥及驅風藥者。製肉豆蔻之法，須將其仁置于灶內火灰中使乾燥，爲時約一月至一月半，然後取出，去其細皮，即成肉豆蔻。摩洛加羣島所產之肉豆蔻爲上等貨，羣島亦爲世界主要產地。其產于爪哇西里伯斯及蘇島者，則爲次等貨。在百年前，香料羣島印度尼西亞人所種植之肉豆蔻甚多，嗣因受病蟲之害，今已衰落矣。一九三四年東印度肉豆蔻之輸出爲四千公噸，值二百萬盾。一九三七年減至值一百二十萬盾。

白樹油樹爲喬木。蒸溜其葉，可得加給普越幾斯，是爲白樹油。其主要用途爲配製藥料。凡有痛腫創傷者，塗之即可愈。年產五六十噸，多運銷于歐洲。

第二項　雜　糧

（一）玉　蜀　黍

玉蜀黍、莢碩莪、馬鈴薯、落花生及豆類，皆爲印度尼西亞人之雜糧。在昔且多用爲主要糧食，前已言之。今因米之產量激增，故已退居于雜糧之列。玉蜀黍喜于高溫多雨之地，故其產地多趨于低緯度，如美國、巴西、墨西哥、非洲、印度、菲律賓、東印度皆產之。其中尤以美國產量爲最豐富。美國有所謂玉米帶者，位于美國棉花帶之北，小麥帶之南，年產六千萬公噸，已佔世界總產量百分之五十七。美國所產之玉蜀黍，多作爲牲畜飼料。而爪哇及各國貧苦之家，則常用爲糧食。東印度產玉蜀黍之地，爲爪哇、西里伯斯、巴利、龍目等處。一九四〇年種植之面積爲五百萬英畝，產量約二百萬公噸。一九三九年除就地消費外，尚有價值三百萬盾之輸出，中以輸往日本者爲最多，值一百九十萬盾。但一九三七年則有價值七百萬盾之輸出，而輸往日本者即達五百萬盾。印度尼西亞人之食玉蜀黍也，非如我國人之食法，或磨成粉末而蒸之，或將初摘下之新鮮嫩品以水煮之，乃無論老嫩，均以木炭火烤之，少有蒸爲玉米糕者。

（二）馬　鈴　薯

馬鈴薯爲南美智利國之原產，今已遍及于全世界。塊根形圓如馬鈴，故名。因其來自外國，故我國俗呼爲洋山芋。爪哇種多來自荷蘭，故稱荷蘭薯。一九四〇年爪哇馬鈴薯之種植面積爲五十二萬英畝，產量約一百萬公噸。馬鈴薯西人多以爲食品，用在西餐中爲一種不可少之菜食，或以之代麵包。據醫學家言馬鈴薯之澱粉質及消化力較米穀爲優良。此乃雜糧中最可寶貴之也。

（三）落花生

落花生喜植于沙土，爲一年生草本植物。名實圖考引檀萃滇海虞衡志云：「落花生宋元間與棉花番瓜紅薯之類，粵估從海上諸國得其種歸種之，呼落花生曰地豆」。趙學敏本草綱目拾遺引福清縣志謂：「落花生本出外國，康熙初年僧應元往扶桑覓種寄回」。與滇海虞衡志說稍異。惟日本稱落花生爲南京豆，則日本落花生之種，得自我國可知。福清縣志之說，似不可信。落花生亦名長生果，又名番豆，以其來自番邦也。我國人之往南洋者，曰過番，故落花生之原產地，當爲熱帶。東印度落花生之產地，完全爲爪哇。一九四〇年種植面積爲六十二萬英畝，產量約一百五十萬公噸。一九三七年輸出價值爲二百萬盾。豆類亦多產于爪哇，一九四〇年種植之面積爲一百五十英畝，產量約三十萬公噸。

第三項　果物

（一）香　蕉

果物在東印度之輸出價值，近年來常在數十萬盾至一百萬盾之間。若從國際貿易方面觀之，其數字實甚微，而于經濟上則無多大價值。但果物亦爲人生日常不可少之供應品，使東印度而無果物之生產，則其輸入之價值，當有可觀，故輸入之減少，亦猶輸出之增大也。果物既有解渴卻病之功，又可收補助消化之效。在昔人類尚未開化之時，常用果物以充饑。今雖進化，而果物之需，仍未稍衰，此蓋由于果物有益于人生，而不可忽視者也。果物須有適宜之氣候，及充足之陽光。如此則花芽之發生較多，而果實之色彩亦較好。東印度地居熱帶，多爲熱帶果物，溫帶果物如桃、梅、李、杏、梨、柿、楊梅、枇杷、蘋果、葡萄等，則不多見。茲舉其重要者，分述之于後。

香蕉爲亞洲之熱帶產物，故東印度無處無之。屬于植物學上之芭蕉科，爲高大草本，高至二十尺。頂上叢生大葉，有八片至十片。又自其中央出花叢，形大花紫色，果實環結于其上，不下百枚，即香蕉也。吾國古名之爲甘蕉，今則多稱爲香蕉。馬來人稱爲比散，南非洲人稱爲巴那那。歐洲初無此種植物，英法美則以南非洲人之稱呼譯爲科學名稱，而荷蘭人則以馬來人之稱呼爲稱呼也。

香蕉不但爲水菓中之良好食物，亦爲治療腎臟炎之良劑，且富于維他命，爲兒童零食中之佳果。未熟之香蕉，外皮爲青色，其炭水化物完全爲澱粉，既熟之後，則外皮變爲黃色，並起黑褐色之斑點，而澱粉亦化爲糖質矣，故香氣及甘味大增。香蕉有此特性，故雖爲柔軟易腐之果，亦能運銷各地。其法先將青色果皮之香蕉採摘後，裝以大竹簍，卽以之運送。到達之後，因其尙未成熟，乃懸掛于攝氏十四五度之暗室中，三四日內卽可黃熟。若交通便利之區，則數句鐘卽可由果園送達新鮮香蕉于需要者之手。印度尼西亞人每于屋之前後植蕉十數株，以爲日常所需。栽植之地，宜排水良好，富于腐植質而稍帶濕氣之土壤。優良適合之地，可延長其樹齡十五年至二十年之久。但雜草爲其大敵，必須隨時加以殲除。香蕉種類甚多，據植物學家之研究，不下百餘種。惟吾人所常見者，則爲二十餘種。有金蕉，形小而細長，約寸餘，周不及一寸，色金黃，味極香美。邦加島上產之，吾國則未之見也。有牛乳蕉，長約五寸，味甜美，色淡黃。吾國所產之蕉，多屬此類。有王蕉，其形狀大小與牛乳蕉同，但香甜則過之，故譽之爲香蕉中之王。爪哇多產之。有角蕉，長尺餘，周三四寸，形狀甚大，非一般平常之香蕉可比。香蕉內多無子，惟角蕉則含子甚多，故不宜于生食。印度尼西亞人多煮熟以充飢。巴利龍目多產之。

（二）榴槤

榴槤爲東印度之原產。明永樂年間馬歡所著之瀛涯勝覽，曾載蘇門答臘有一種臭果，番名賭爾焉，如中國水雞頭樣，長八九寸，皮生尖刺，熟則五六瓣裂開，若爛牛肉之臭。內有栗子大酥白肉十四五塊，甚甜美可食。其中更皆有子，炒而食之，其味如栗。按賭爾焉與榴槤皆爲原文之譯音。樹爲高大喬木，高至四十尺以上，喜種于沖積土壤，如植于堅硬之粘土，則不相宜。故河流之兩岸，及潮濕之馬來鄉村，爲其繁盛之地。種後十二年方結實。每于春季開花，秋季結實。實熟自落，其皮亦裂，無須人工採摘，故難于運往他方。在昔飛機尚未發明時，英國女王維多利亞遍嘗世界佳果，獨于榴槤未知其味，認爲憾事。國人初至南洋者，見之殊惡其臭味，其後食之，每愈見而愈甘之。當榴槤大熟時，當地人民莫不爭相購食，以嘗此美味。然榴槤性熱，多食則鼻孔出血。若再飲以白蘭地，則必致死。此不可不慎也。

（三）山竹

山竹爲爪哇之原產物。瀛涯勝覽所載之莽吉柿，爲爪哇語山竹最古之譯音。南洋羣島西部多產之。西印度羣島山竹之種植，現今亦甚發達。其產地以池塘周圍及大河兩岸爲最宜，以其需要保持其土壤之潮濕也。樹爲喬木，高三十尺許。種後約十年至十五年始開花結實。果實大如蘋果，有大而韌之花托，外果皮甚厚，色紅紫，含單寧甚多，故可製造染料。此種染料黏于衣上，不易洗淨。果皮可供藥用，爲一種收斂劑。用時將果皮切成長條，晒乾煎服，可以治赤痢，故乾條果皮輸入于我國者甚多。葉可供藥用，回教徒舉行割禮時可用之，亦可治婦女月經不調之症。又于天花或熱病發生時食之，可以止渴。果皮內含五瓣至七瓣之白肉，質嫩味酸甜可口。世人多稱榴槤爲熱帶果物之王，而山竹則譽爲果物之後。前者性熱，後者性寒，二者同時成熟，故食榴槤後食山竹，可以解熱。食山竹後食榴槤，可以去寒。二者有互相調劑之功，造化之于人類也，可謂獨厚。

（四）波 羅 蜜

波羅蜜爲印度之原產果物。李時珍曰：波羅蜜梵語也，因此果味甘，故借名之。安南人名曩加結，波斯人名婆那娑，拂林人名阿薩嚲，馬來人名南加。瀛涯勝覽載：「占城國之波羅蜜，如冬瓜之樣，外皮似川荔枝，皮內有雞卵大塊黃肉，味如蜜，中有子如雞腰子樣，炒吃味如栗子」。此記載已寫盡波羅蜜果實之形狀。波羅蜜爲常綠樹木，高至三十尺。花小，單性，雌雄異株，有許多花集于長橢圓形之花托，肥大而成假果。此果亦橢圓長形，大者長至尺餘，周約三尺，重十餘斤，外皮有無數之柔軟突起，黃綠色，革質，多汁，內包多數之果肉。果肉色黃，用塊水浸漬後剝去果托，則種子周圍之果肉芳香而甜蜜。印度尼西亞人喜食之，惟新至南洋之華僑則相戒不敢多食，否則恐致痢疾云。喜植于深厚之壚埴土壤，過于低溫之地則不生長。凡地平面之高度在一千公尺以下者，最宜種植。植後三年卽開花結實。果實半熟時，需用紙袋罩之，以防蝙蝠之侵害。但最歡迎螞蟻聚集袋上，以其可驅逐其他蟲害。樹幹極有價値，前昔馬來王宮之建築，悉用此項材料，以其色黃足壯觀瞻也。又將木材入水煮之，可製成黃色染料。根之液汁又可治熱病。

（五）鳳 梨

鳳梨爲我國之名稱，華僑以其色黃，故又名黃梨。一稱波羅。馬來人名之爲那那時。西里伯斯島上則名之爲露兜子。爲南美巴西之原產，當一四九二年哥倫布發現新大陸後，葡西兩國人卽將此美味傳播于全世界。爲多年生草本植物，性畏寒，故不適宜于寒温帶之生長，有地下莖，種後一年或年餘，卽由地下莖叢生極鋒利之葉。葉長二三尺，夏月叢葉間開花，結橢圓球形之聚合果。果皮外有鱗片狀之外苞。果上生葉數十片。顯然果部爲莖之變形。果內有如梳狀之肉，色黃無核，水分甚多。味甘而美，含有與百布聖相似之成分。具消化蛋白質之性，故著名于世。又自葉所採之纖維，可用爲織物及造紙之原料。鳳梨喜種于硬粘土質之地。若植于膏腴之處，實雖大而香味不佳。其結果，第一年每株可得一顆。如培養得宜，則自第二年起可得二顆。通常每英畝可產四五千顆。收成年可二次。第一次在五六月。第二次在十一二月。如天晴過久，則不結實。產果期最多爲五六年。過此則實小而味淡，須易植新苗。品種甚多。有王后種，因克利扶蘭女公爵曾栽培之，以以其果實呈獻英王查理二世而得名。鳳梨爲果物中之華貴者。在昔西班牙王查理第五，卽獲其子民由美洲帶來之供奉。而耶穌教士，亦曾以此進貢于印度莫臥兒大帝阿加巴，以冀其優渥之惠。現新嘉坡之鳳梨罐頭業，在一九三九年曾輸出七萬噸，值七百萬叻元。菲律賓與夏威夷對于斯業亦頗發達。若東印度，則僅供當地人民之消費耳。

（六）芒　果

芒果亦稱檬果或樣果，爲印度之原產。當第五世紀晉高僧法顯至印度求經時，在其所譯之長阿含經一書中，已有菴摩波村之記載。按菴摩波村意卽芒果林也。六二九年唐僧玄奘遊印度，于其所著之大唐西域記中亦提及菴沒羅。菴沒羅亦卽芒果樹，爲常綠木，本高至數十尺。此果花多實少，方言謂詵爲梯，言少實也。宜種于深層肥沃之土壤。如超過一千尺或通年有大雨之地，則不相宜。樹齡可達數十年，多則百年。當一五五六年印度莫臥兒大帝阿加巴登極時，曾廣植芒果樹十萬株于其東北地方。三百年後，英國植物學家尙見大帝手植之樹。此乃芒果史上最光榮之一頁。實爲橢圓扁形，長約五六寸，外皮爲綠色、黃色或粉紅色，肉嫩味甜，呈黃色，能外銷。因其在華氏四十度之內，可貯一月之久而不腐爛。種子可供藥用。爪哇所種之芒果，以東部龐越及西部南安由所產爲最佳。

（七）番瓜

番瓜亦稱木瓜，又名萬壽果，原產于美洲熱帶地方。其輸入東印度也，始于葡萄牙人經營香料羣島之時。在我國閩粵亦產之。吳其濬所著植物名實圖考曾曰：「番瓜產粵東海南，家園種植，樹直高二三丈，枝直上，葉柄旁出，花黃，果生青熟黃，中空有子，黑如椒粒，經冬不凋，無毒，香甜可食」。證之與東印度今日所產者無異。種後一年卽可結實，最初三年所結之實品質最佳，三年後所結之實，卽不能生食。樹齡已達五年時，卽須將其砍去重種。木瓜終年盛產，每株約可產果百餘枚。世界木瓜之品種最佳者，當推爪哇及夏威夷之改良種。果性涼。將果實之汁液用于驅蟲劑及防腐劑，尤見功效。又此植物全部所含乳樣之汁液，有將蛋白質變化爲百布頓之效。其未熟果實之汁液，此作用更强。故印度尼西亞人恒取此汁液以煮肉類，使之易于柔軟。又居民患不消化病或積食時，即吃番瓜以治之。若患赤痢，將番瓜肉與黑子吃下，亦可見效。小兒腸內有蛔蟲者，食之亦可將蟲殺死。

（八）鱷梨

鱷梨爲墨西哥之原產。其後由中美傳至南美之秘魯及巴西。降至十八世紀，始傳入東印度。一七八〇年又傳入毛里求斯島。至十九世紀更傳入于新嘉坡。一八九八年美國佔領菲律賓後，鱷梨遂隨美國之勢力而移入。樹爲灌木。東印度之氣候與土壤於其生長甚爲適宜。種後四五年即開花結實。每樹年可結實三千枚。實大形如梨，或成橢圓狀，重量約達八兩，亦有大至十七八兩者。果實摘下之後，不久果肉即成柔軟狀，味甚甜。墨西哥人之嗜鱷梨，有如南洋人之嗜香蕉然。謂其營養價値且高于牛肉精也。樹可製油。一英畝之鱷梨樹，即可產油四十八咖侖云。

（九）杜古

杜古係郎板之變種。果實呈橢圓球形，如鴿蛋。外皮甚薄，色黃。內含有黏性液，色白而濃。一簇之上，結實二枚至五枚。果肉厚，爲瓣形，有五瓣之多，一瓣特大兩瓣稍小餘則極微。色淡，透明體，味甜酸。內有綠色之苦核，性涼。食者往往將核吞下，以解熱性。郎极爲東印度原產。瀛涯勝覽曾記云：「爪哇有一種郎极，如枇杷樣略大，內有白肉三塊，味亦甜酸。」此見于吾國史乘者。樹爲高大喬木，高至二三十尺。種後須經十五年始開花結實。東印度所產之杜古，以蘇島巨港爲最佳，多銷于新嘉坡之地。

（十）番荔枝

番荔枝爲西印度羣島之原產物。其後由墨西哥移植于菲律賓，而入于印度。至其傳入于爪哇也，遠在荷人東來之前。據荷人云其種子多來自我國。樹爲常綠灌木，高約五六尺。樹小多枝，葉厚。其土宜生于砂土，以易于排水便利也。若樹旁堆以廢棄之垃圾，尤爲適宜。種後三四年即每月開花結實。一樹之上，可結實數十枚。實爲長形。果皮深綠色，多軟刺。未熟時，果實堅硬。既熟之後，即變成柔軟。果肉乳油色，食時搗碎後，調以糖及冰水，味柔鮮美，不亞于檸檬露也。惟多食則瀉，故可充緩性極瀉藥。

（十一）紅毛丹

紅毛丹爲馬來名之譯音，吾國古名韶子。陳藏器曰：「韶子生嶺南。」因其爲熱帶植物也。按裴淵廣州志云：「韶葉如栗，赤色，子大如栗，有棘刺。破其皮，內有肉，如猪肪，着核不離，味甘酸，核如荔枝云」。爲木本喬木，荔枝屬果實熟時，螞蟻恒羣集于外皮之上以採取其甜汁。產于巴達維亞者，味極佳，爲東印度各處之冠。

第六節 畜牧畋獵及水產

第一項 獸類

（一）引言

東印度羣島介乎亞澳兩大洲之間。其東部摩洛加羣島多產澳洲動物，西部大巽他羣島則產亞洲動物。而以西里伯斯海爲分界之區。動物之多，以世界之大，除南美洲而外，無可與倫者。統計其動物有哺乳類七百種，鳥類二千種，爬蟲類六百種，兩棲類三百種，棘皮動物一千種。茲分獸鳥蟲魚四類以述之。

以言獸類，東印度農民之主要產業爲農業，而其他畜牧畋獵及水產則爲其副業。彼輩從事于畜牧之主要目的，乃爲農業上之用途及動力用途而飼養。肉食不過爲其副目的。彼輩並無酪酥農業之存在，如澳洲新西蘭。然故在經濟上，東印度之畜牧業，不能與澳洲新西蘭之畜牧業相提並論，因後者有左右其經濟之趨勢。東印度各地畜牧業之最多者，當首推爪哇及馬都拉。就大家畜而言，約佔百分之七十。小巽他羣島次之，佔百分之十二。蘇島佔百分之九・五。西里伯斯佔百分之八。婆羅洲則不及百分之一。爪哇之大家畜，約產六百萬頭，每千人有一百四十一頭，每方公里有四十四頭。畜牧最盛之馬都拉，每方公里多至一百二十九頭。

（二）畜　產

牛爲主要畜產品之一，亦爲回教徒主要食品之一。其勞力適宜于耕耘，爪哇農田萬頃，故牛之產量甚多。一九四〇年東印度犎牛總數爲四百六十萬頭，水牛總數爲三百萬頭。中以爪哇佔全數四分之三，每千戶平均可得一百六十頭。外島佔四分之一，每千戶平均可得一百三十萬頭。消費量爪哇年在七十萬頭，外島年在二十萬頭。犎牛亦稱瘤牛，又稱印度牛，吾國昔產之，今已不多見。現爪哇則盛產之。肩上有瘤狀突起，毛呈乳白色，或黑色斑點。筋力强健，印度尼西亞人恒以之載重。其乳及肉皆美。而澳洲牛種及荷蘭牛種，亦輸此間，以其乳量充足故也。但水牛政府不甚獎勵，且有撲滅之企圖，因其工作遲緩，易染疾病也。至于各種皮革之輸出，年在六千公噸左右，值七百萬盾。

馬爪哇所產者，體較吾國所產者爲小，多用爲駕車之用，以其性馴，且有持久力也。松巴窪島所產者，品質較良。一九四〇年東印度馬之總數爲七十一萬匹。至于軍用馬，則爲澳洲產，係英國種，體高五尺，行疾，耐勞，良馬也。

羊爲印度尼西亞人之主要肉食品，而剪毛及搾乳，則非其所願。在菜品中有名殺帝甘丙者，烤羊肉也。其製法卽將肉類切成薄片，每五六片，以竹籤穿爲一串，架于小炭爐上而烤之，然後調以五味，鮮美可口，嗜之者每食常能及四五十串。非徒當地人嗜之，卽外僑亦莫不嗜之。一九四〇年東印度產羊約六百萬頭，因其非草原區域，而爲農田肥沃地帶，非爲乾燥區域，而爲多雨地帶，故牧羊業並不重視。該年產量僅及世界總產量百分之一而已。內分山羊及綿羊二種，山羊佔百分之六十二，綿羊佔百分之三十八。中亦以爪哇爲最多，佔全數百分之八十，外島則佔百分之二十。

猪之產量年僅百萬頭。以印度尼西亞人信奉回教者多，絕對不食猪肉，故爪哇產量甚少。產地以信奉印度教之巴利龍目，信奉耶教之帝問及西里伯斯島北部，信其他教之大雅人及峇達人地方爲多。除供當地消費外，餘則以之運銷于新嘉坡。

（三）畜產行政

東印度政府對于畜牧業自十七世紀以來，卽開始注意。二十世紀之初，乃設獸醫局，以預防家畜之疫病及改良事宜，由經濟部管轄，並在各地方派有歐人獸醫官駐箚，而在茂勿設有獸醫學校、獸醫研究所、馬種租借所、犢牛收容所及種猪種禽場，以研究一切家畜疫病之事宜。

（四）犀牛

東印度獸類除家畜而外，尚產猩猩、狒狒、猿猴、犀牛、鹿、豕、馬來貘、羌鹿、有袋類動物等。犀角因其有藥用價值。

華僑多購之以運銷于祖國，故有敘述之必要。犀分單角犀、雙角犀二種。單角犀產于爪哇及蘇島南部，體大次于象，形如牛，頭長頸短，眼小耳略大，軀幹粗，四肢亦粗大，皮膚無毛，有皺襞，質厚而靭，彈丸不入，色微紫黑。每肢有三蹄。鼻上長一角，角長尺餘，外呈褐綠色，內帶黃金色，中部黑色，係角質纖維所成，與頭骨全無關係，爲貴重藥品，相傳有解血熱之效，吾僑多收買之。犀喜棲于卑濕之地，食草及樹葉爲生。善走。常低首以角觸土，撥塵爲戲。視力弱，善聽嗅。終日貪睡。好浴，常臥泥水中以去其皮上之昆蟲。每產一子，須十八月，故繁殖不旺。雙角犀多產于婆羅洲與蘇門答臘兩島間。鼻上有二角，一前一後。前者出自鼻骨，後者出自顱頂骨而較短。體長約一丈。

第二項　鳥類

（一）風鳥

鳥類，有風鳥、金絲燕等。此皆吾僑商業上之一種財源也。風鳥一名霧鳥，亦稱極樂鳥，天堂鳥，或太陽鳥，產于新幾內亞一帶，爲鳴禽類中羽毛最美麗者。體長尺餘，嘴色綠，根黑，周生密毛，有金綠光。眼呈輝黃色。頭與後頸皆蒼金色。喉與前頸爲濃金綠色，有鱗狀毛。胸深紫色。其餘各部皆深褐色。體之兩旁，從上面至翼下部，叢生極長之絨毛，狀如綾錦，其色深黃有光輝。臀部之中央有一對長羽，羽上有極長之絨毛。飛時必以首向風而迎，故稱風鳥。鳴聲嘹亮。羣棲于深林中，築巢于樹顛。喜食果實及蝗蟲。每產祇一卵，卵殼紫灰色，有小斑點。孵約匝月而化，羽毛在昔西婦多用爲帽之裝飾品每隻取價五十盾，華僑多業此年產約値二百萬盾。今因用者較少，價亦低落。巴達維亞有製成之風鳥標本出售每隻價四十盾。

（二）金絲燕

金絲燕產于東印度各島間。體小脚短背部黑色，有金絲光尾色白。營巢于海濱斷崖峭壁上。巢如海綿，或珊瑚之着生色白細條，浸水則柔軟脹大，卽燕窩也。燕窩爲吾國之珍貴食品。分洞燕及屋燕二種洞燕又稱貢燕或官燕，爲外國之貢物故名。性甚清補年老人服之尤爲養生。據生物學家之考驗，燕窩之本質，係金絲燕吞食海藻後，經胃液醞釀，復吐出，遂成膠質。其上品質微黃透明，下品質黑，且有紅斑，而與採取時間甚有關係。欲得上品，須于雛之羽毛未發育時採取之，若俟其雛已發育飛去，則質變老而呈黑色。屋燕之巢係築于屋中，色白價廉，每斤售價十六盾左右。洞燕則價較昂每斤五十餘盾。爪哇之茂勿滿由馬士一帶多產洞燕。此加浪岸錦石一帶多產屋燕。外島則多產洞燕，屋燕較少。東印度每年所產之燕窩約在一百五十公噸，多運銷于吾國西人及印度尼西亞人食之者甚少。

第三項　蟲類

（一）鱷魚

蟲類有石龍子、錦蛇、鱷魚等。石龍子錦蛇之皮，吾儕多收買之以運銷于歐洲，以其可以製女人用之皮鞋手皮夾及其他用品也。鱷魚貌兇惡，體長一丈至二丈。頭扁吻突出，上下兩顎之齒槽，列生尖圓之齒。鼻延長，與口腔通。頸短而强，不能環顧。尾側扁，轉動自如，能擊人，力甚大。四肢短，前肢五趾，後肢四趾。中央三趾均具爪鉤，趾間有蹼。眼小而深凹，能閉動自如。鼻孔緣隆起，可任意通塞，故善游泳。全身披硬皮及厚鱗，呈濃橄欖色，有斑點。在背面多呈方形，且有直棱。在尾脊上者，則爲鋸齒狀。彈丸均不易入。常棲于河流池沼間，或沿海之淺灘上，亦常登陸。性貪暴，捕人畜爲食。產卵在九十月間，每產二十卵至一百卵。卵大如鵝卵，殼堅如陶器，產于枯枝敗葉間，藉日光而孵化。稚鱷亦能出而覓食，生長甚速，不數月卽長成。其壽可達三百年。在蘇門答臘及婆羅洲兩島間，幾于無處無之。印度尼西亞人每引以爲害。捕鱷之法，于港灣間懸以鐵棡，俟潮漲時，鱷卽隨潮入港而覓食，及潮將落時，乃將棡放下，水落而鱷不得出，乃捕取之。鱷之油脂齒牙及厚皮，均爲有用之材，印度尼西亞人亦有食之者。

第四項　魚　類

（一）魚

東印度海面遼闊，海產甚豐。若魚類貝殼海參，皆其最著名者也。以言漁業，魚爲印度尼西亞人之佐饍品，亦爲其唯一之美味，以魚較其他肉類，取價尤廉也。故印度尼西亞人之捕魚爲生者，所在皆是。一九三〇年東印度二十六萬漁人中印度尼西亞人佔十分之九，其餘爲華僑及日人。歐人對此業全無關係。蘇島北岸之峇眼亞比，爲南洋一大魚場，每年出產之魚，其價値常在五百萬盾。該處漁業，多操諸華僑手中。華僑設立魚行，放借資本于馬來漁夫，然後取其魚以償所欠。至各地之魚乾業，多爲吾閩籍僑胞所經營，印度尼西亞人及西人少有經營之者。西里伯斯、摩洛加及小巽他一帶之海上，亦爲產魚之區。但各島消費之魚，不能自給，在昔每年常有價値一千萬盾魚乾之輸入，而今日一九三九年仍有一千三百萬盾。海國產魚，而漁業反不振。其原因乃東印度政府之產業政策素重農礦，對于漁業未有若何之設施。一九二七年初頒布沿岸漁業令，以規定漁人之資格及禁止外國漁船之從事漁業。一九二九年在農工商部之下，始設水產司。一九三〇年又設立內河漁業研究所，中央魚苗養成所。一九三四年更設立海洋漁業研究所。其捕魚法，仍係採用老法，駕漁舟，散線網，朝出暮歸。得魚之多寡，恒視天氣晴陰而定。如遇風雨，則漁舟不能安穩，每遭傾覆，故其範圍，多在近海。華僑今後欲謀漁業之發達，必先聯合資本，有大規模之組織，添造新式汽船，爲捕魚之利器，使產量增加。而于漁業上之設備，尤不可忽視，如漁港與冰房，所以保持魚之新鮮也；魚乾製造廠，所以使魚運銷于遠地也。新式漁船，亞洲方面，一九〇八年初行之于印度，閱年爲蘇島華僑所購得，出漁于寥島一帶，一時所獲甚豐，終以資本不足，歇業後，復歸還于仰光。同時東印度政府亦採用新式漁船，出漁于爪哇海面，惜所得之魚，殊鮮商業上之價値，因而中輟。近年來，日本漁戶大批南來後，其勢力已遍于東印度各島。吾僑漁業已爲其所奪。日本漁戶，資本既雄厚，組織亦完善，漁船既係新式，漁夫復有專門漁業知識，故能出漁于遠海中。爪哇之魚塘面積約四千公頃。所養之魚，以熱帶之關係，年可收穫三次，獲利甚厚，不似吾國之魚塘，年僅收穫一次。惟此種魚塘業，爲政府所專有，華僑已不能參與之。海魚中有名鮫魚者，一名沙魚，東印度內外海均產之。種類甚多。體形如魚，甚長大，由一丈至二丈。性猛而貪，常捕食他魚。古來航海者甚畏之。所謂葬身魚腹者之魚，即此鮫也。肉可食。其鰭尾，即吾人所稱爲魚翅者，爲筵席上之上品，價甚昂貴。上等魚翅則取之于雙髻鮫。東印度每年出口之魚翅，價値數十萬盾，多爲華僑所收購，以運返國內。

（二）海參

海參種類甚多，以梅光刺參爲最佳，次爲石參、柚皮參、肉參、烏綿參、烏員參等。屬于棘皮動物。一名海鼠，又名沙巽。體圓長，約一尺，頗柔軟，呈蠕蟲狀。皮膚黏滑，內有小骨片，一端有口，一端有肛門。口緣列生觸手二十個。脊面具大圓錐狀之突起。腹面有管狀之水管足三列。水管足有吸盤，能伸縮自如，爲運動器官。肛門前有水肺，爲呼吸器官。棲于海灣之波靜處。日中潛伏，夜間則以水管足及體內之筋肉扭動而匍行。行動時，觸手時時交相卷曲，鈎送食物于口，因觸手表面能分泌一種黏液，以黏取泥沙及各種小動物。產于海灣之泥底者，質軟色青黑；產于外海之岩礁間者，質硬色黃褐。東印度輸出之海參，年在數十萬盾，多輸入吾國，爲吾國之上等食品。

第五章　礦　業

第一節　礦業概述

第一項　五十年來東印度礦業法之變更

(一) 舊礦業法

東印度舊礦業法係一八九七年制定，一八九九年所公布者。一九一〇年及一九一八年又修改一部份。一九〇六年之礦業令爲其施行細則。一九三〇年亦經修改茲將舊礦業法概要述之於後。

(一) 地皮與地心明分爲二事因此享有地權與享有礦權，不能混同。(二) 凡採礦者，須先向該產礦地政府，請求探礦執照最寬面積爲一千公頃限期三年。期滿得展期二次每次一年。如探礦者未完善辦理，則不許展期如執照領取一年尚未着手辦理，則政府卽撤銷其執照。(三) 凡採礦者，須先將採礦時之一切文件，及採掘之技術計劃，詳具報呈礦務局長審查，轉呈總督核發採掘許可狀。如得允許，最長期以七十五年爲限。政府發給許可採礦狀，必先畀予法律承認之發見者。餘如地主或偶然發見者，無此權利，僅可得相當之酬報。(四) 凡領取探礦及採礦之執照者，須居住荷蘭本國或東印度之荷蘭人，及設在荷蘭或東印度之公司爲限。此項公司之經理及董事之大多數須爲荷蘭人或籍隸東印度之人，且居住荷蘭本國或東印度者方可。採礦及採礦之請求人或公司，倘非居住東印度或在東印度設立者，務須在東印度有相當代表。若探礦及採礦者設或有死亡，其繼承人得于若干期限內繼承先業，但須合乎此條件而後可。（五）探礦及採礦權，可轉移于他人，但探礦權之轉移，須先得政府之許可。（六）探礦時，每公頃每年須納稅二仙半。採礦時，則每公頃每年須納稅二鈁半。採得之礦苗，亦須納值百抽四之賦稅。

（二）新礦業法

東印度以科學方法採礦，始于一八四三年，但在一八五一年其礦業完全限于官辦。此後漸准官商合辦。惟爪哇邦加除外，然仍以官辦者爲多。私人雖有之，惟多虧本。一八五二年設立礦務局以爲礦業行政機關。一八九九年又劃定一定之區域爲官辦，以外爲商辦。一九一〇年官辦之區域，又可官商合辦。一九一八年依照東印度公佈之礦業第一條，分爲甲乙兩種。甲種礦產爲寶石、黑鉛、白金、金銀、水銀、鎢、鉛、鋅、鉻、鎳、鈷、鐵、錳、錦等，或與上述礦產同在一礦床而同時採掘之含有硫黃之礦產。此外尚有明礬及製造硫酸、玻璃用之礦產，製造肥料用之磷酸礦產，岩鹽或與岩鹽同一礦層之礦產。如發見甲種礦產時，該礦產爲自然狀態，且採掘技術上可能而無其他障礙時，當然給與採掘權。乙種礦產爲無烟煤，其他石炭、褐炭、石油、地瀝青、石蠟、可燃性瓦斯、碘及其他化合物。但乙，種礦產爲政府所獨有，雖爲私人所採得，亦不能呈請開採。惟在一九一八年前已得此種礦產採掘權者，及由政府招商訂立合同採掘，經議會許可者除外。蓋前此政府對于礦藏發見者，給予無限之礦權，現漸採取統制政策。一九一八年荷蘭本國議會制定現行新法後，舊法遂完全作廢。新法將東印度分爲四區，每區有其特殊規定。茲分述于後。

第一禁止區域。此爲國防起見，絕對不許採礦之區域，如巽達海峽、巴達維亞、泗水港口、以及其他要塞地帶是。第二開放區域。此爲對于一般人民開放許可採礦之區域，包括爪哇全部，蘇島之外半部，婆羅洲之西半部，西里伯斯之大半部，總計約佔東印度面積之半。第三採礦區域。此爲新法制定前旣經許可之礦區，凡舊法中所予之權利，新法亦尊重之。第四保留區域。此爲政府自行經營起見，而保留之區域。廢舊法而定新法之目的，即在乎是。其面積除前記三區外，餘均包括在內，即蘇島之內部一帶，婆羅洲之東半部，西里伯斯之東部，新幾內亞之全部等，蓋佔東印度面積之過半數也。其開採之法，先由政府派員選定地點後，或由政府直接經營，或由商人包辦。包辦又分試掘包辦與採掘包辦兩種。試掘包辦總督有權決定，但採掘包辦則非經荷蘭本國議會許可不可。故一九一八年以後，外人在東印度欲取得石油石炭之採掘權，至不容易。政府獨佔礦業更爲强化。

(三) 礦業行政

一九二七年東印度直轄地有招商承辦之礦產二百一十八處，自治區內有四十四處。直轄地所得之礦，爲中央政府所有。自治區內所得之礦，則爲地方政府所有。最近由政府直接辦理之礦有五處㈠邦加之錫，㈡沙哇侖多之煤，㈢把東之煤，㈣普羅拉務之煤，㈤打班沙哇之金銀。由官商合辦者有二：一爲荷印礦油公司，其礦在占碑及望加麗之阿羅海灣，二爲勿里洞錫礦公司，其礦在勿里洞。現政府又依照上開合同之標準與荷印礦油公司開掘巨港爪哇及馬都拉之石油，又與英荷殼牌石油公司卽B・P・M公司開掘巨港及東婆羅洲之石油。除此而外，尙有與簽定合同之公司八家，以開採他種礦產。

東印度礦務由礦務局辦理，局長由交通土木部長兼任。其職務爲（一）調查礦產，（二）研究有用之礦產，（三）探礦及冶金，（四）編印各種報告，（五）管理政府之礦產，（六）監督私辦礦產，（七）視察各礦務機關是否遵照條例辦理，（八）調查東印度之地質及地殼構造。並另設一營業部，專司售賣出品，如錫、煤、金、銀及其他營業事務。

第二項　東印度礦產在世界經濟上之地位

（一）寶藏甚富

東印度自歸荷蘭統治後，卽着手于無機礦產之開採，益以寶藏甚富，故近百年來各地發現不少之礦苗。如爪哇之石油，其最著者也。次如碘、錳、硫黃、銅、鐵，亦正待採掘。蘇島以石油及煤爲大宗，餘如金、銀、錫、鉛、銅、鐵、鋅、鉍、鉬、白金，亦計劃開採。邦加、勿里洞、新及諸島則產錫尤多。婆羅洲富于石油、煤、鐵，並產白金、黃金、鉬、錦、金鋼鑽、水銀、鉍等。西里伯斯多產鐵、鎳、金、銀、錳、鉛、鋅、鉻、鉍、錦、地瀝青。東部各島則產地瀝青、碘、鉻。石油而新幾內亞島上近亦發現石油礦。故東印度之礦產，甲于南洋。現以石油爲第一位，佔世界產量百分之三。在亞洲方面，僅次于高加索、伊朗而佔第三位，且超越伊拉克而上之。故西南太平洋國家，如我國、日本、澳洲、新西蘭、菲律賓、越南、緬甸、暹羅、馬來亞，莫不用其油以供所需。遠如非洲之埃及與南非聯邦，亦多用之。卽歐洲亦取其十分之一。故東印度之石油，在世界雖不能佔重要地位，但在亞、澳、非三洲，則握其雄厚勢力。一九四〇年東印度產原油八百萬公噸，輸出價值爲一萬萬七千萬盾。其次爲錫，佔世界產量百分之十八。其地位僅次于馬來亞。一九四〇年產四萬四千公噸，輸出價值爲八千萬盾。再次則爲煤，該年產二百萬公噸。錳苗一萬二千公噸，鎳苗五萬六千公噸，鐵礬土二十八萬公噸。硫黃一萬七千公噸，金三千兙，銀四萬七千兙。最多時產七萬五千兙。該年東印度輸出總價值八萬萬七千萬盾中，礦產佔二萬萬五千萬盾，佔總數百分之二十九。除爪哇而外，各島礦產之尚未發達，實由于工人少，運輸不便利，致投資少而獲利薄，人多不樂此。政府亟以此爲慮，乃積極從事于運輸之改進。於是東印度之礦業投資，遂由一九三〇年之六萬萬盾，增至一九三九年之十二萬萬盾。其中石油投資卽達十萬萬盾。且無機礦產，從不景氣中恢復後，較諸輸出農產物更令人滿意。因此之故，在東印度整個輸出品價值中，其百分比已由一九二〇年之百分之十五升至一九四〇年之百分之三十。茲將十三年來東印度礦產輸出價值佔總輸出價值百分比表列如後：

年代	總輸出價值	礦產輸出價值(百萬盾)	百分比
一九四〇年	八七四百萬盾	二五二	二八、九
一九三九年	七四六百萬盾	二二三	二九、九
一九三八年	六五八百萬盾	二〇三	三〇、九
一九三七年	九五一百萬盾	二五八	二七、一
一九三六年	五三八百萬盾	一四七	二七、三
一九三三年	四六八百萬盾	一三〇	二七、八
一九二九年	一、四四三百萬盾	二七〇	一八、七
一九二八年	一、五七六百萬盾	二四二	一五、四

第二節　在東半球佔重要地位之東印度石油業

第一項　東印度石油業採掘經過

(一) 沿革

東印度之石油礦，在荷人未佔領羣島之前，印度尼西亞人已知之，曾採掘爲藥用及燈油之用，但其發達實始于本世紀之初。當十九世紀之末，因美國石油業發展迅速，東印度石油業遂爲人所重視。一八七二年開始在爪哇之井里汶鑿井採油，但未獲成功。一八八〇年政府乃派遣史多夫赴美國學習石油技術，以斯時美國已執世界石油業之牛耳，一切設備均甚完備也。其後史氏歸國，建議由政府試行採掘，但未邀採納，史氏乃辭去政府職務，自行開採爪哇油田，故史多夫實爲東印度石油史上不朽之人物。一八八六年爪哇發現大批油田。閱年乃設立荷蘭皇家石油公司以經營之。資本定額爲五萬萬盾，最初在泗水附近之文那哥羅摩地方試掘，成績甚佳。其後又擴展至中爪哇之南旺及三寶壠二地。該公司之股票分散甚廣，尤以官僚階級爲甚。以致該公司幾被視爲國家事業，而取得極廣泛之幫助，以其確屬國家之一利益也。一八八九年本地所產之石油，初出現于爪哇市場。一九一〇年之礦業法，給予政府以一種廣泛之權力，以規定無機礦產之勘査及採掘。此種權力，對于東印度政府在石油之讓與特別有利。此種契約之授予，其統制甚爲嚴厲，抑尤有進者，即凡採掘之契約，並不包含給予持有契約者以採掘權。當油源已發現之時，東印度政府卽保留此種權利，以接收一切區域之發展，而補償持有契約之讓予以採掘時之勘察費用。

（二）蘇島之石油

在蘇門答臘北部，最初開掘之油井，爲一八八三年。其石油礦區係獲自冷加蘇丹之地，一八九〇年由荷蘭皇家石油公司經營之。後又開發亞齊之油田。一八九七年又在南部巨港發現大量之油田，乃設立巨港石油公司及芸林石油公司以經營之。一九四〇年東印度產原油八百萬公噸，而該處即產三百萬公噸，已佔總額百分之三十七點五。該年蘇島共產石油五百萬公噸，而巨港一區即佔其百分之六十。一九一二年後，美孚油公司經營其大半。其後占碑又發現四十四區豐富之油田。美孚油公司與荷蘭皇家石油公司爭取甚力，但卒爲後者所得。乃于一九二一年設立荷印礦油公司以經營之，係政府與荷蘭皇家石油公司合辦。資本一千一百萬盾，政府與公司各任其半數。此項投資，爲純粹荷人資本，外國人無有者。該公司因資本甚少，並無意向英荷殼牌公司之地位挑戰，僅爲政府獲得利潤。事實上運銷則留給B・P・M・公司。其後在蘇島西部有一千萬公畝油田之讓與權，給予荷印太平洋石油公司。該公司爲加利福尼亞美孚石油公司及得克薩斯石油公司所共有。

（三）婆羅洲之石油

在東婆羅洲方面，英國之殼牌運輸公司，于一八九七年設立，以開發三馬林達附近生瓦生瓦之油田，並于麻里把板設立煉油廠。婆羅洲之油礦，在東部沿海岸一帶，南起麻里把板，北迄三馬林達。其第一區租地在瑪芝得布洋島北亦有該公司之租地，一九二七年且已開掘。沿岸各地馬恰敢河以北，如附近生瓦打河、布加侖、昔弗蘭、米安島、雙古里郎、三布汝河、沙然三巴噴等地，皆有豐富之油藏量。第二區租地在三波札之諸尼。第三區租地在生瓦生瓦之路易斯。第四區租地在雙溝瑪利安之奧加那。殼牌公司又有租地二，係得自東婆羅洲石油公司者。一在古底拉馬，一近姆阿拉。一九〇五年婆羅洲東北部之打拉根島上，又發現大量之油田，乃設立打拉根石油公司以經營之。打拉根島上之油田租與公司者，面積甚廣。打拉根第一油田與打拉根第二油田，係一九〇五年租得者。一九一七年又租得第三第四油田。一九一八年更租得第五油田。一九二七年第三第四油田尚未開掘，第五油田且未勘測。是年殼牌公司在布洋島開始作實地之探測，並與東印度政府議定繳納一百萬盾之租金，以爲相互之利益。當二十年前東印度產石油之區，以東婆羅洲爲最盛，佔總額百分之六十。卽一九二一年東印度產原油二百四十萬公噸，而婆羅洲卽產一百四十萬公噸。但今日婆羅洲已退居次要地位，蘇島反一躍而居首位，一九四〇年婆羅洲僅產原油一百八十萬公噸，佔總額百分之二十二點五。

（四）英荷殼牌公司

十九世紀之末，美國煤油大王洛克斐勒所創辦之美孚油公司，已執世界石油業之牛耳。該公司不徒操縱美國之石油業，且有左右世界石油業之趨勢。英荷兩國之石油業，爲採取對抗政策起見，乃于一九〇七年由荷蘭皇家石油公司及英國殼牌公司以一萬萬四千萬盾之資本聯合組織B・P・M・公司，與之競爭。新公司即爲英荷殼牌公司之副號，並吸收各地現存之公司，故亦即東印度中一最大之石油出產公司，以英荷亦爲世界石油之先進國家也。其後新公司之資本增至三萬萬盾，荷蘭佔百分之六十，英國佔百分之四十。而英國復在倫敦以八百萬鎊之資本設立盎格魯撤克遜石油公司爲之運輸。後又增至資本二千五百萬鎊，由是英荷對于東印度石油生產分配之密切合作乃告實現。但相反方面，東印度之石油業，不啻爲英國所吞併。英國之各石油公司，係以私人及政府企業組合方式以經營之。特別在外國企業上，公私雙方皆獎勵。政府保有股票，獎勵開發，對于若干公司在某地某時給以特殊帮助。蓋英國于一九一二年採用石油獨佔政策，即將全世界未開發之石油，均入于己之範圍，而屬內之油田亦不願他人染指。石油獨佔政策之大綱，爲本國及領內油田所有權，不得讓渡他國或他國人民。石油公司之財產不能賣與他國，共股票之轉給他國，亦在禁止之列。而公司之財產與管理，則准由政府直接參加。英荷兩國既實行合作，遂分配共業務。凡蘇門答臘、婆羅洲、爪哇之採油及煉油，與荷蘭境內之推銷，由B・P・M・石油公司擔任。荷蘭境外之輸送，由盎格魯撤克遜公司擔任。荷蘭境外之販賣，由亞細亞石油公司擔任。亞細亞石油公司成立于一九〇三年，係由荷蘭之各石油公司，英國之殼牌公司及俄國之加斯比安公司合組之共同販賣機關，目的在成爲與美孚油公司對抗之堡壘。

（五）美孚油公司

美孚回根石油公司鑒於以上情形，亦不能坐視，遂起而應戰。一九一二年美孚以二千五百萬盾之鉅款，創立荷蘭殖民地石油公司，後又增至一萬萬盾之資本在蘇門答臘、婆羅洲、爪哇各島獲得大量之油田以從事開掘。而其在蘇門答臘所得六十萬公頃之大油田，遂作大規模之採掘。美國之各石油公司完全以私人企業方式經營之在國內及海外皆相互競爭。美政府對之無分厚薄，亦無何種關係。實無若何財政或商業利益在其間。

（六） 日本石油公司

日本因其國內石油礦甚爲貧乏，僅供給其平時百分三十之所需，奪取資源爲其七十年來對外之一貫政策。乃于一九三〇年由三井洋行日本石油公司及原有油井之婆羅洲公司，以二百萬盾之資本共同組成一婆羅洲石油公司以採掘東岸山龜里岸灣附近之石油。一九三四年西爪哇井里汶地方又發現豐富之油田，乃由B・P・M・公司申請開採。而馬都拉島有B・P・M・公司行將廢棄之舊礦區，忽然噴出大量之石油，遂重振爐灶。

（七） 新幾內亞之石油

新幾內亞方面，自一九〇五年以來，荷蘭皇家石油公司即開始調查。其後並成立一新幾內亞石油公司，資本一百萬盾，英荷殼牌公司佔百分之四十，美孚油公司佔百分之四十，加里佛尼亞美國油公司佔百分之二十。

油田爲二千五百萬英畝。礦區在荷蘭晉亞附近之亭保爾晉地方，深度之試掘，于一九三九年開始，但未生產大量之石油。惟其產量將有無限之希望。

（八） 英美在東印度之石油戰

在東印度石油總產額中，一九二四年英荷殼牌公司獨佔生產百分之九十三，一九三〇年減爲百分之六十八，一九三七年更減爲百分之五十五，而美孚油公司則由百分之十八升至百分之二十至二十四，一九三七年更升至百分之三十三，而荷印礦油公司則佔百分之十二。一九三九年東印度石油投資中，英荷殼牌石油公司佔百分之七十五，而美孚油公司則佔其餘之大部分。一九二九年世界不景氣後，英荷殼牌公司卽採消極政策。一九三一年勵行緊縮政策以減少開支三分之一，並停止投資停止鑿井停止工場建造減少生產以應付逆境。但美國之荷蘭殖民地石油公司，在此時則努力擴充生產。荷蘭殖民地石油公司在東亞方面無販賣網，美國之美孚同根石油公司則有之，於是乃聯合組織，使販賣網與供給來源能相結合，造成其東印度之强大活動力。故荷蘭殖民地石油公司可不顧慮其生產之銷路，而恣意生產。此英荷美日四國在東印度經營石油之概略也。

（九） 戰時東印度油田之破壞

一九四二年日寇侵佔婆羅洲之打拉根後，荷人不得不先將島上之油田破壞，以免軍用資源資敵。據謂敵方欲加整理，最少須時六個月。其後敵人又佔領蘇島之巨港，使美孚洋行不得不破壞其油田。事後據該行對美國廣播曰：當日方傘兵首次降落于巨港美孚洋行煉油廠附近時，該行卽開始疏散其人員，而專家若干人則已準備將全部機器完全破壞。隨卽利用電力使炸彈五枚同時爆炸，轟然一聲，全廠藏油數百萬桶，全付一炬。長達八十一哩之油管及各處油井，繼之實行破壞。每隔數百呎卽預置一炸彈。是以一旦爆發，八十一哩之油管卽同時炸毀。至于破壞時，如何防止油井出油之辦法，目下尚未能宣佈。若干方面稱，欲求巨港油井繼續產油，非經數年之修理不可。數個月之善後，尚無濟于事。惟時戰事方面，日本需油正急，向之美蘇二國所供給者，今既告來源斷絕，自不能不取諸于東印度，故東印度石油之修理出油，爲日本戰時之迫切問題。據一九四三年日本廣播，該年東印度各島之石油礦，已均可出油。

（一）煉油廠

至其煉油廠，有規模大小不同之廠十處，每日能煉油二萬噸。其最大者爲美孚油公司巨港之吉蘭港廠，日能煉油五千七百噸。油井係在一百五十公里以外，用油管導油至油廠煉取，其情形已如前述。次爲B·P·M公司之麻里把板廠，日能煉油五千噸。油管長達六十五哩，直徑五吋。于此可以想見其規模之宏大。設備甚爲秘密，並謝絕外人參觀。工人多係華僑。一九二七年生瓦生瓦之慘案，即該公司之礦山方面，荷人槍殺華僑工人十二人，傷者三十六人，造成不幸流血之局勢。再次為B・P・M公司巨港之把拉由廠，日能煉油四千噸；為B・P・M公司之火水山及燐布兩廠，日能各煉油二千噸。而文那哥羅摩之煉油廠，則規模甚小，日僅能煉油三百噸。

第二項　東印度石油在遠東市場之地位

（一）　石油之重要性

石油發見之歷史雖甚早，但大規模之應用，亦僅百年間之事。第一次大戰以前，吾人祗知佔有石油礦，可以致富。大戰爆發以後，始知石油在軍事上佔有重大之意義。因在大戰期內，雙方均利用摩托軍器衝鋒作戰。如海上揚威之戰艦潛艇，如陸上無敵之坦克車裝甲車，以及輸送軍隊之汽車，如空中活躍之飛機飛艇，若非石油為之發動，則無從發揮其破壞能力，必遭失敗。一九一七年法國總理克里蒙梭致美總統威爾遜書曾曰：「石油在明日之戰鬪中，與血同樣不可缺。石油之缺乏，將使我軍不能行動，勢必迫聯合國接受不能容忍之媾和條件。」英人克松勛爵，於敘述聯合國對德勝利之條件中亦云：「聯合國係乘石油之潮流而達到勝利」。美國總統柯立支亦曰：「決定某一國家之支配權，雖謂為石油之保有與生產，不為過言」。因是各國對于石油在平時即多量貯藏，以備不時之需。否則石油缺乏，一旦戰事發生，必爲敵人所威脅，甚至亡國。故在第二次大戰期中，石油之儲存與否，尤有戰事上之決定性。此石油爲世人所重視之原因，亦東印度石油之爲世界侵略國家所覬覦也。

（二）　世界石油區域

當第三紀後期時，即近成期時代，遠在四百萬年至四千萬年前，陸地爲傾斜帶所包圍。此種情形，遂爲生成褐炭及石油之良好條件。此後地層起摺曲作用，此部分之含油層爲新地層所覆蓋，或則上昇海面，或則下沉海底。其未受摺曲掩蔽之含油層，乃生成現在之石油。世界產石油之區，在西半球除美國墨西哥外，南美各國亦皆有石油礦。在歐雷西亞有一石油地層，起自羅馬尼亞，延展東南行，經過高加索、美索波達米亞、伊朗、印度、緬甸，而至荷屬東印度。故東印度各島之產油地帶，乃緬甸油田之延長。緬甸之含油層，自阿拉干山脈東部，經伊洛瓦底江流域之峽谷，延長至三角洲，乃沉入海底。其後渡海分二支而行。一支至蘇門答臘北部亞齊地方，再行出現，沿巴里克大山脈南行，構成山之東部蘇東占碑巨港一帶之大油田，又南行構成爪哇及馬都拉島之油田。一支至婆羅洲，在北部構成砂羅越咪哩之油田，在東部構成大拉根古底一帶之大油田，再東行如西里伯斯、昔蘭及新幾內亞等島，皆有大量之油泉天然瓦斯，且多沉于海底。惟現已開採者，僅有昔蘭及新幾內亞之一部分而已。石油之化學成分，不特各油田不同，即同一油田，亦有差異。婆羅洲之打拉根油田出產重油，而三馬林達北部油層則缺乏燈油，南部油層則多石蠟。重油為機器之內燃料，又為火藥之主要原料，而尤重要者，則為軍事交通及其他實業上發動機及汽缸之燃料，故打拉根出產之重油極有軍事與經濟上之價值。燈油為一般國家未建設電燈廠或鄉村取光之重要材料，故其價值不如重油之重要。爪哇之油田，多產揮發油及燈油。蘇門答臘則產機器油揮發油為飛機汽車坦克之內燃料，故其價值甚大。機器油則為粗重機器之潤滑劑，故凡屬石油產物，不問其為已製之石油或剩餘之油渣，均有其用途。一九四〇年東印度所產石油之種類內柴油二百八十五萬公噸，揮發油一百九十一萬公噸，燈油一百萬公噸，其他二百二十萬公噸。

（三）　東印度石油儲藏量及產量

東印度有大量之油田。其儲藏量，據美人估計有三十萬萬大桶，佔世界總儲量百分之七，而居第七位。石油儲藏量既有限制，當有用罄之一年。如今日東婆羅洲之石油業，已不如二十年前，現在東印度之油田，亦不能再有更大之希望，故非發現新大油田，不能期其繁盛。據一九三二年之估計，該年東印度石油儲藏量有一萬萬四千萬噸。從斯時起，尚可採掘二十九年。至其原油生產量，一九二九年為五百三十萬公噸，一九三六年進為六百五十萬公噸，一九三七年至一九三八年再進至七百萬公噸，一九三九年至一九四〇年均為八百萬公噸。至其輸出數量，一九二八年前為二百餘萬公噸，此後則增至四百萬公噸，一九三四年後更增至五百萬公噸，一九四〇年則增至六百餘萬公噸，卽年年增加，而一九四〇年已增至一九二九年之三倍，每年增加之主要原因，應歸功于蘇島油田之發現。至其輸出價值一九一〇年至一九一四年平均為七千七百萬盾，一九二五年至一九二九年平均爲一萬萬六千五百萬盾，一九三〇年至一九三四年平均爲一萬萬二千八百萬盾，一九三五年至一九三六年平均爲九千二百萬盾。一九三七年至一九四〇年平均爲一萬萬六千四百萬盾。遠東方面油田甚少，故東印度石油之輸出自有其廣大之市場，亦爲各國所歡迎所迫切需要。尤其在大戰發生後世界俱已入于戰爭狀態中，坦克之用油，飛機之用油，艦隊之用油以及運輸車輛與船舶之用油，使東印度石油業遂成爲與世界其他部分不可分離者。至其輸出地點其中一半以上運至大西洋各國，但澳洲新西蘭及非洲亦獲得相當可觀之數量，甚至在歐戰前歐洲亦取得其輸出百分之十。茲將十七年來東印度原油之生產量表列如左：

一九四一年	五五、一百萬大桶	一九三五年	四五、九百萬大桶
一九四〇年	六〇、四百萬大桶	一九三四年	四六、九百萬大桶
一九三九年	六〇、〇百萬大桶	一九三三年	四二、六百萬大桶
一九三八年	五五、八百萬大桶	一九三二年	三九、〇百萬大桶
一九三七年	五四、七百萬大桶	一九三一年	三三、九百萬大桶
一九三六年	四九、六百萬大桶	一九三〇年	四一、七百萬大桶

一九二九年	三九、七百萬大桶
一九二八年	三二、一百萬大桶
一九二七年	二五、九百萬大桶
一九二六年	二一、二百萬大桶
一九二五年	二一、四百萬大桶

第三節　與馬來並駕齊驅之東印度錫礦業

第一項　東印度錫礦業開掘經過及其在世界市場之地位

（一）南洋產錫區域

在南洋羣島中由邦加、勿里洞、新及、迤北，過馬來半島暹羅，以達緬甸之南端，均爲產錫地帶，礦苗甚富。世界所需之錫大半由此供給。東印度產錫區域以邦加爲最。一九三九年產一萬八千長噸，佔百分之五十六。勿里洞次之，產一萬二千長噸，佔總額百分之四十。新及最小，產一千八百長噸，佔總額百分之六。他如蘇島東西兩部雖產之，然爲數甚微。至其在世界之地位，一九四〇年產四萬四千公噸，佔世界產量百分之二十三。輸出價値爲七千二百萬盾。

（二）邦加錫礦

邦加島產錫，已遠在千數百年前，彼時東來之印度人，其一部分或亦志在得錫，徵之七世紀之碑文，可資證明也。阿拉伯航海家新巴斯托氏，第四次航海記中，亦有鉛島之說，謂位于蘇門答臘附近，蓋誤鉛爲錫，其所指者，卽邦加島也。惟當時採法幼稚，產量無多。及荷人東來時，邦加島屬三佛齊王國，三佛齊王嘗招人採錫，印度尼西亞人與華僑並用，而華僑之力尤大。據荷蘭東印度公司之記載，一七一七年公司嘗在該島大購錫礦，以之運往歐洲，是爲邦加錫輸入西方之起始。其後公司更與三佛齊王訂約，盡收其錫礦，然產額實遠在今日之下。一七九○年前，年僅產數千擔而已。一八一二年三佛齊王將邦加錫礦讓于荷蘭東印度公司。此後至一八一六年四年中，東印度屬于英，礦權讓予英王。英人施以有組織之採掘，一八一三年產四千五百公擔，一八一六年增至一萬五千五百公擔。該年東印度重歸荷蘭後，此等礦權，遂成爲荷蘭政府之財產。荷人乃于一八五三年特派礦學專家來島從事考察，並輸入各種機器，擴張採錫區域，自是產額日增。一八九○年所產達十萬公擔，一九○○年增至二十萬公擔。一九三三年因國際限制生產之關係，降爲八萬公擔，一九三六年回復十八萬公擔，一九四○年更增至二萬四千公噸。邦加之錫砂，多產于河流中及山麓之上，故開採時多由平面開掘。其礦層普通由十分之一至十分之四公尺之厚，有時亦有至一公尺至數公尺之厚者，惟爲少數。錫之開掘，分大坑小坑兩種，大坑爲數七十處，產額佔百分之七十七。每名工人平均年採錫砂十八公擔七四，每三百立方公尺產五公擔零三。前昔常用人工法開掘，邇來以科學進步，多代替以機器，往日人力不能開掘者，今機器卽能勝任，故尤爲便利。總計今日由機器開掘者，佔百分之八十，以人工開掘者，僅佔百分之二十。機器以粗沙唧筒爲最多，直徑八英寸者九十三具，六英寸者一百零二具。礦坑深度爲六公尺三一。小坑爲數一百八十九處。每名工人平均年採錫砂十四公擔五七。每一單位地積之產額與大坑無異。機器有六英寸之粗沙唧筒三十具，水唧筒七十六具。深坑平均爲二公尺九三。至于熔錫法，前時用中國式之爐灶，每礦場均有之。今則替以佛蘭德侖式之熔爐，爲最新式之熔錫機器。東印度設五大熔錫廠，以熔煉各地之錫。邦加其一大熔錫廠也。熔錫機前多燃燒木柴，今以柴少，改用電力而燃燒煤。其蒸氣機有一萬三千六百匹馬力。精煉之錫，其成色爲九九九六，最低亦達九九九〇，然尚有提高之希望。礦之利得，可分爲三時期。初爲個人錫礦時期。政府僅收稅而已。辦理之者，均爲華僑，故獲利甚厚。後改爲公司時期。礦主爲政府所委任，然仍由華僑充任之。鑛苗歸政府收買。利益則純歸礦主，故獲利仍甚大。今則改爲國有時期。政府收買華僑一切礦山。礦主已易主人地任，變爲經理地任。一切利益均歸政府，而華僑無所獲矣。故邦加錫爲官辦實業。現政府用于東印度錫礦業之費用，共達四萬萬盾至五萬萬盾。官營邦加錫，爲荷印政府財政之一大泉源，在國庫收入中，僅次于關稅及所得稅，而居第三位。一九二九年錫價慘落，國際減產協定成立，對于東印度政府之財政影響甚大，故今日僅能維持數百萬盾之純益。邦加錫成本甚低，每擔不過五十餘盾，但賣價則常由一百三十盾至二百盾。工人多爲我國契約工人。一九二〇年東印度有我國契約工人四萬人，即邦加島佔二萬人，勿里洞佔一萬八千人，新及佔一千人。一九三九年總共減至二萬人。以礦工生活甚苦，今已揭穿其內幕，故國人多不敢南來。茲將五十年來邦加錫之產量表列如左：

一九四〇年	二四、一八九公噸	一九三四年	一一、六〇〇公噸
一九三九年	一七、〇三六公噸	一九二五年	三三六、〇〇〇公擔
一九三八年	一二、七八六公噸	一九二二年	二七〇、〇〇〇公擔
一九三七年	二三、九六六公噸	一九〇〇年	二〇〇、〇〇〇公擔
一九三六年	一八、九三五公噸	一八九〇年	一〇〇、〇〇〇公擔
一九三五年	一四、七三八公噸		

（三）勿里洞錫礦

勿里洞之錫礦，發見亦甚早。大約在十八世紀之初。一八五二年始開始採掘之。一八六〇年採礦權為勿里洞錫礦公司所得。總公司設于荷蘭資本五百萬盾每年須以純收入之一成納諸政府，以為採掘稅。一八九二年變更採掘權，每年須以錫產八分之五貢諸政府，政府派人監督，許其採掘三十五年。一九二三年期滿後，政府乃與該公司改為官商合辦。一九二四年成立勿里洞聯合礦業公司，政府出資五分之三，公司出資五分之二。其組織設一董事會。董事五人由荷蘭殖民大臣委派三人，勿里洞錫礦公司選派二人。錫業之利益甚厚，可于勿里洞錫鑛公司之純益見之。一八八八年爲百分之四百六十。一八八九年爲百分之四百三十。一八九〇年爲百分之五百三十一。邇來雖已大減，然一九〇七年之股東紅利，仍達百分之七十。礦苗有一百九十萬公擔，多深藏于石塊間。此種錫石常藏于地面一百公尺之下。有由平面開掘者，亦有打洞開掘者。所用之熔錫機器爲九千八百匹馬力。勿里洞及新及所出之錫與邦加之一部分，前昔均運往海峽貿易公司再經製造，各海峽錫專行銷于美國。但在一九三〇年至一九四〇年間，則運至蘇島。此處有一大熔錫廠，一部分歸勿里洞聯合礦業公司所有。廠址在阿爾赫。若干年前勿里洞聯合礦業公司與利勿浦海峽聯合公司曾訂立一合同，以熔鑄勿里洞及新及之錫。此公司與邦加熔錫廠大約熔鑄世界百分之七十之錫砂。及一九四〇年荷蘭被德國侵佔後，勿里洞新及之錫，再度運至新嘉坡及檳榔嶼熔鑄，同時從該處輸出之錫與海峽錫具有同等性質。茲將三十年來勿里洞錫之產量表列如左：

一九四〇年	一八、五七〇公噸（估計）
一九三九年	一二、五九七公噸
一九三八年	七、一二一公噸
一九三七年	一四、〇九三公噸
一九三六年	一一、一八九公噸
一九三五年	九、一三九公噸
一九三四年	六、四三六公噸
一九三一年	七、七七三噸
一九一〇年	四、八三四噸

（四）新及錫礦

新及爲林牙羣島南之一大島，十八世紀之末，印度尼西亞人即從事錫之開採，然不能引人注意也。一八八七年荷人始得林牙蘇丹之許可，獲得該島採礦權。一八八九年商辦新及錫礦公司成立，採礦權遂移歸之。一九三三年新及錫礦公司又合併于勿里洞聯合礦業公司。當一九〇七年，政府復予以島之東南海底錫砂之採礦權。其錫砂多深入海底者，謂之海錫。邦加海上亦產之。茲將二十九年來新及錫之產量列如左表：

一九四〇年	二、四〇〇〇公噸	一九三五年	一、二三九公噸
一九三九年	一、三二三公噸	一九三四年	九四四公噸
一九三八年	一、四七五公噸	一九二五年	六六二噸
一九三七年	二、三五九公噸	一九一二年	六三五噸
一九三六年	二、〇六九公噸		

（五）國際錫業限制生產協定

世界錫價，當一九二七年即已開始下跌。但錫業界眼光短視，非第不限制生產，且夢想將來需要必可增加，乃大事生產，以圖減低生產費用。結果生產愈趨于大規模機械化，而恐慌問題益不易解決。其後以世界存貨達六十一萬公噸之多，開若干年來未有之紀錄，于是錫業界始感有限制生產之必要。一九二九年英國錫業界因在馬來、尼日利亞對採錫有重大利益，乃向世界產錫國家提議組織一國際錫業委員會。參加者達一百六十七公司，佔世界產錫量三分之一。後因東印度及暹羅產錫國家未加入，致未發生效力。一九三一年世界四大產錫國家馬來亞、玻利維亞、東印度、尼日利亞之政府代表初在倫敦舉行會議決定設立國際錫業委員會，提議以一九二九年之生產為基數，計算各國輸出比例，凡加入者均須受此限制。但東印度代表以馬來亞及玻利維亞在該年增產甚劇若以同等比率限制生產，對于該國大為不利未肯贊同後又在海牙開會，以期解決供量過剩問題，乃成立協定規定第一期全世界之生產額為每年十四萬五千公噸未加入之國家之生產額為二萬公噸。後以世界需要繼續減少，而未參加之錫產國家如暹羅又大事增產，上述限制並不能維持錫價使不繼續下跌，乃決定再減產二萬公噸。旋英國錫業界以壓力使暹羅參加協定，于是全世界約佔百分之九十產錫國家均受此協定之支配。一九三三年國際錫業委員會又在倫敦開會訂立一新協定，以分配各國之生產量。一九三五年因該會之努力及世界經濟之恢復，錫業漸見安定。一九三六年又以玻利維亞及暹羅兩國爭取分配量，致國際錫業委員會瀕于解體。一九三七年該會又規定全世界產錫一十九萬九千八百五十噸，其有效期間至一九四一年之末，而分配馬來亞七萬一千九百四十噸，玻利維亞四萬六千四百九十噸，東印度三萬六千三百三十噸，暹羅一萬八千噸，比屬剛果一萬三千二百噸，尼日利亞一萬零八百九十噸，越南三千噸。一九三九年歐戰發生後，錫之需要隨戰事之擴大而增加。一九四〇年東印度錫產大增，較一九三九年增加百分之六十。其產量爲四萬四千公噸，即升至標準噸數百分之一百三十，俾美國能有錫之貯藏。因僅有東印度及尼日利亞能履行國際錫業委員會之規定，其他所有生產者，遠落于此限度之後。此一龐大之輸出，有八千一百萬盾之價值，此數目使錫列于輸出品中佔第三位，僅次于橡皮與石油而已。茲將十二年來東印度錫之產量列如左表：

年別	產量	年別	產量
一九四〇年	四四、二公噸	一九三六年	三一、二公噸
一九三九年	二八、三公噸	一九三三年	一二、八公噸
一九三八年	二七、七公噸	一九二九年	三一、一公噸
一九三七年	三九、八公噸		

第二項　東印度錫礦在世界市場之地位

（一）　世界產錫國家與錫消費國家

世界產錫國家，爲馬來亞、東印度、暹羅、我國及南美之玻利維亞、非洲之尼日利亞。此六國家，皆非工業區。前四國家所產佔總數百分之七十三，後二國家佔總數百分之二十七。前四國家皆處于太平洋區域，故錫之儲量，大部分皆集中于太平洋西南岸。惟令人奇異者，此六產錫國家，並非消費國家。消費國家乃美、英、法、德四大工業國。此國家產錫不多，其消費量乃超過世界總數百分之八十。握世界錫業之威權者，爲英國之錫業公司，以其握有馬來亞、暹羅、玻利維亞、尼日利亞、澳洲、葡萄牙、緬甸及其本國錫礦之開採權及熔錫廠。因之英國之熔錫廠，較其礦山尤爲重要。英國在馬來亞之熔錫廠，一九二九年所熔之錫，佔世界百分之五十五。另有百分之二十九，在英本國熔鑄。故英國雄握世界錫業之威權，不在錫礦之開採，而在於熔鑄。但在消費方面，以美國爲最重要。錫雖非重要之金屬礦物，然對于工業之補助上，頗感需要，爲洋鐵罐白鐵片之主要原料。美國爲罐頭食品之重要輸出國家，一九三九年達二萬萬金元，故需用甚多。美國平時卽爲世界錫生產量百分之四十五之消費者，故常爲錫之最重要之顧客。自歐戰爆發後，益加强其獲得倫敦金屬交易所，爲戰前交易之中心。現已大部分由紐約商品交易所取而代之。故一九四〇年外國輸入美國之錫，佔世界產量之過半數，亦爲美國輸入礦產中之重要一種，值一萬萬三千萬金元。該年由東印度輸入者值二千六百萬盾，佔東印度錫輸出百分之六十四，故美國爲東印度錫業之大主顧。至東印度錫歷年輸出之價值，一九一〇年至一九一四年平均爲六百萬盾，一九二五年至一九二九年平均爲八千五百萬盾，一九三〇年至一九三四年平均爲三千四百萬盾，一九三五年至一九四〇年平均爲五千五百萬盾。茲將最近世界各國錫之產量列如左表：

國別	年別	產量或輸出	國別	年別	產量或輸出
馬來	一九三九	產量八三千公噸	中國	一九三七	產量一七千公噸
東印度	一九四〇	產量四四千公噸	尼日利亞	一九三九	輸出一五千公噸
玻利維亞	一九四一	輸出四三千公噸	緬甸	一九三七	產量　七千噸
暹羅	一九三九	產量二八萬公擔	英國	一九三八	產量　三千噸

第四節　其他礦產

第一項　日趨發達之東印度煤礦業

（一）世界煤儲藏量

煤爲古代森林所構成，其功用則爲供給世界動力最主要之一種。世界原動力之分配，雖有三種，但現仍以煤爲最主要，佔百分之七十。石油佔百分之二十二，水力佔百分之八而已。煤之應用，以我國爲最古，遠在元代，意人馬哥孛羅供職我國，盛讚我國富源之盛，謂甚至黑石亦可作爲燃料，譽爲遠東稀有之寶藏。蓋斯時煤之應用，尚未普通，而意國尤缺乏煤礦，故益覺其可怪也。東印度煤之儲藏量，據調查未開採者，尚有五十億噸至六十億噸之多，佔世界儲藏量之第七位。第一位為美國，擁有一萬萬五千六百億噸。第二位為加拿大，有一萬萬二千三百四十億噸。第三位為我國，有二千四百四十億噸。第四位為英國，有一千九百億噸。第五位為德國，有一千億噸。第六位為日本，有八十億噸。而世界儲藏總量為五萬萬二千億噸。東印度煤藏既富，但現所開採者年僅二百萬公噸，約為儲量三千分之一，亦猶世界之產量，僅為儲量四千分之一，以世界產量亦年僅產十三億公噸也。

（二） 東印度之煤礦

東印度煤田，大部多在蘇門答臘及婆羅洲二島間，故今日重要之煤礦，亦均在此二島。有國營及民營二種。國營有三礦。第一為翁比林煤礦，地點在蘇西海岸之沙哇侖多地方，發現于一八六六年。一八九二年政府開始用囚犯及爪哇包工工人採掘，中以囚犯佔半數以上，以刑期關係，交替頻繁，每人生產率甚低，于是乃改用刑期已滿之囚犯，作為契約傭工，工作效率遂大增。該礦礦苗埋藏甚富，約二億噸。礦帶長為十公里，寬九公里，內有三道苗礦層之厚平均有二•一公尺至七•一公尺。一九一三年東印度所用之煤，均係來自國外。一九一四年因歐戰之關係，船隻減少，以外貨難于輸入，因之政府不得不採煤官賣政策，更不得不努力以求自開自給，于是政府乃大量投資。今日政府翁比林煤礦之投資為四千萬盾，其中三千六百萬盾，乃用于敷設一百五十公里之鐵道，以利運輸。所產之煤黑點而有光澤，生貝殼之裂隙，火力甚強。第二為普魯拉務煤礦，地點在婆羅洲東南之勞特島。最初由普魯拉務煤礦公司經營。其後以辦理困難，一九一二年政府以三百萬盾之費用收爲國營。內有二道礦苗。礦層之厚，爲二公尺。至一九三二年礦苗已盡，遂停辦。第三爲布及阿森煤礦，在蘇島芸林西南十二公里之丹絨地方，其質最佳，與英國之紅煤齊名。東印度之鐵路船舶軍艦工廠，均用此煤。內有四道苗，現已開發其三。第一道苗分二層。一層厚爲六公尺，一層爲七公尺。中夾以鬆石，此鬆石有四公尺至五公尺之厚。第二道苗亦分兩層。一層爲六公尺，一層爲三公尺，中夾以石板。第三道苗有五公尺至六公尺之厚。第一道苗與第二道苗之間，隔以二十公尺之砂石。第二道苗至第三道苗，則有二十五公尺之砂石隔之。第四道苗尙未開掘，其深度在第三道苗百餘公尺之下。此礦礦藏甚富，綿延于巨港府一帶，約一億六千萬噸。因其與火山岩相接觸，故煤質良好。一九一九年由政府經營。其輸出港口，爲距礦山二百公里之巨港。地方民營之煤礦有六礦，多在東南婆羅洲一帶。如命滔班讓煤礦，爲荷印皇家輪船公司所經營。因煤層不深，多用平面開掘，所需資本甚少。其礦產皆供該公司船舶之用。一九三六年國營煤礦之產量爲七十萬公噸，民營爲四十萬公噸，合共爲一百一十萬公噸。一九四一年國營煤礦產量爲一百五十萬噸。一九三九年民營煤礦爲五十六萬噸。東印度煤之產量，年有進步。一九三八年增至一百四十萬公噸，一九三九年又增至一百八十萬公噸，一九四〇年更增至二百萬公噸，然不敷國內消費甚鉅，幸國內薪柴所產甚多，對于燃料尙不感困難。否則東印度之煤業，必被迫使大量開掘也。

東印度之焦煤業，在一切努力中均歸失敗。雖彼有廣泛之實驗，亦曾輸出至馬來亞、泰國、菲律賓及香港等地。一九三九年煤之輸出價值達三百五十萬盾。一九四〇年增至五百萬盾。但在同一時期，却從南非印度澳洲輸入價值一百萬盾之煤。其主要用途在求得煤氣及製造品。茲將十二年來東印度煤之產量列如左表：

一九四〇年	二、〇〇〇千公噸	一九三六年	一、一四七千公噸
一九三九年	一、七八一千公噸	一九三三年	一、〇三五千公噸
一九三八年	一、四六〇千公噸	一九二九年	一、八三二千公噸
一九三七年	一、三七〇千公噸		

第二項　次要礦產

（一）鐵

今日之世界爲煤鐵之世界。一切工業基礎經濟活動均利賴之。東印度在昔既祇培植爲一原料國家，故雖有豐富煤鐵之儲量，亦多未加開採。煤之儲量前已述之，而鐵之儲量據礦學家之調查，在西里伯斯島東南之中央湖水地帶有三萬萬七千萬噸至十萬萬噸。故其橄欖岩之分布達四千五百方公里，礦床平均厚度爲一一．五公尺，最厚處達二二公尺。在東南婆羅洲之勞務海峽及昔務古島口有一萬萬噸至三萬萬噸。在摩洛加達島有數千萬噸。總計東印度鐵礦之埋藏量約有五萬萬噸至十四萬萬噸之多，居于世界第八位至第十位。因其運輸不便利，及島上並無冶金可用之焦煤，故不能獲利。蓋鐵礦石有一種難熔之性質，同時亦因鐵與鋼在東印度市場上少有重要性。但近年政府擬在產鐵之區設熔鐵廠，藉風力以煉之。鐵品之輸入為東印度貿易史上一大漏巵。一九一〇年至一九一四年平均輸入為二千七百萬盾。一九二五年至一九二九年平均為七千萬盾。一九三〇年至一九三四年平均為三千五百萬盾。一九三五年至一九三九年平均為四千萬盾。一九四〇年為五千三百萬盾。至其輸入量一九四〇年為十七萬公噸，而美國為東印度鐵品輸入最大之國家，該年佔輸入百分之四十九。然若再加上各種機器輸入計算，其數字更可驚人。一九一〇年至一九一四年機器輸入平均為二千二百萬盾。一九二五年至一九二九年平均為七千六百萬盾。一九三〇年至一九三四年平均為四千萬盾。一九三五年至一九三九年平均為四千五百萬盾。一九四〇年為三千五百萬盾。如兩者合計，已可超過棉織品而佔輸入之第一位。因一九四〇年棉織品輸入為六千六百萬盾，而機器及鐵品則共為八千八百萬盾也。

（二）鐵礬土

鐵礬土其中鋁之一部常與鐵交換，故名。為近代製鋁之主要原料，又可用以製造明礬及為建築塊基性煉鋼爐之內襯。產量以歐洲之法國、匈牙利、意大利及南美英屬之圭亞那、荷屬之蘇里南為最多。一九三九年全世界產鐵礬土四百萬噸，歐洲佔三分之一，南美佔五分之一。東印度產鐵礬土之地為廖內羣島，該島介于蘇門答臘及新嘉坡之間，中以梹丹及巴丹兩島爲盛。此處礦床與地面相近，故用豎坑開掘，從開掘以至于船運之過程中，皆以機械。一九三五年荷人曾組織荷印鐵礬土礦開發公司以經營之，直至大戰發生之前夕，德國爲東印度鐵礬土礦之最大主顧，每年買其百分之八十五之產量。一九四〇年國際情勢改變後，梹丹所產鐵礬土二十七萬五千噸，而日本則購買其二十三萬五千噸，約值二百萬盾，已代德國而爲東印度鐵礬土之大主顧。其餘爲美、英二國所購去。東印度之鐵礬土，現佔世界總產量之第七位。但吾人必須注意者，即荷屬南美洲蘇里南之產量，一九三九年出產三十萬噸。因此之故，荷蘭王國在世界鐵礬土總產量中約供給五分之一。茲將五年來東印度鐵礬土之產量列如下表：

一九四〇年	二七五、二二一	一九三七年	一九八、九七〇
一九三九年	二三〇、六六八	一九三六年	一三三、七三一
一九三八年	二四五、三〇四		

（三） 鎳

鎳礦之用，在我國始自遠古，但在東印度鎳礦之開掘，則爲近年之事，亦爲一種新投機事業。其用途爲製白銅。鎳之產量以加拿大爲最多，佔世界產量百分之九十，年產十萬噸。其次爲新喀里多尼亞，佔世界百分之五，其餘百分之五產于蘇聯、挪威、緬甸等國。一九三七年荷蘭礦務公司乃在西里伯斯島中部及東南部開始採鎳。一九三八年鎳苗產量爲二萬公噸，一九四〇年增至五萬六千公噸，一躍而居世界第二位佔總產量百分之三十五。該年加拿大之產量則佔世界總產量百分之六十。近年來德國遂成東印度鎳礦最大之主顧。一九三九年德荷對鎳礦貿易談判正進行。一九四二年日本自從加拿大方面停止輸入鎳礦以後即發現蘊藏于西里伯斯之礦石爲鎳唯一之重要來源。

（四）錳

世界錳礦之產額，以印度所產爲最多，居于首位。今則蘇聯及黃金海岸所產已急起直追。一九四一年印度產錳苗約一百萬噸，值三千九百萬留比。黃金海岸產四十三萬噸，值一百萬磅。若東印度一九四〇年僅產一萬二千公噸，值五十萬盾，不能與產錳國家媲美。產地爲爪哇之日惹地方，具有經濟上之重要性。他如蘇門答臘及婆羅洲亦產之。錳與鐵之合金名錳鋼，硬度甚大，耐重力極强，火車等鐵輪之製造多用之。茲將十年來東印錳之產量列如下表：

一九四〇年	一一、九〇〇公噸	一九三八年	九、六八七公噸
一九三九年	一二、〇七四公噸	一九三七年	一一、〇八三公噸

一九三六年	八、六一九公噸	一九三三年	一〇、四〇二公噸
一九三五年	一二、三五八公噸	一九三二年	八、二八七公噸
一九三四年	一一、六三五公噸	一九三一年	一四、四四二公噸

（五）金銀

東印度之金礦爲金砂而非金塊，銀礦多夾雜于金礦錳礦內，往往開金礦而所得銀反多。金銀產地爲蘇島之萌古連、把東及西里伯斯之萬鴉老地方。在移民初期，西班牙人幾已將採金爲其渡海探索之唯一目的，但在東印度經濟上金銀礦曾未表演其重要角色。十九世紀東印度開始採掘金銀礦。一九三二年政府放棄直接經營金銀礦業，民營亦多停止採掘。一九三六年蘇島之打班奴利州發現金礦，同年西婆羅洲亦發現金礦，遂加以開採，但停止萌古連金礦之開採，以其鑛苗已盡也。一九三七年新幾內亞英荷交界之區發現金礦，由英荷兩國組織荷屬新幾內亞礦業公司從事開採。現東印度之金銀礦之礦床，多集中于蘇門答臘之十三個區域中。其中兩個一爲多那金礦，一爲丹帝金礦。其產額較其他任何金礦爲多。多那金礦一九三七年爲德人所採辦。一九四〇年荷蘭被德國侵佔後，東印度政府對德人必需加以拘捕，此礦即于斯時停閉。丹帝金礦之開掘，始于一九一〇年。一九三七年產金三萬九千盎斯，產銀四十三萬盎斯。一九四〇年產金三萬七千盎斯，產銀四十七萬盎斯。

一九二六年政府礦務局之採礦者，曾發現不英巖脈中含有金銀，地點爲西爪哇之萬丹。年來東印度產金額爲二千公斤至三千公斤，銀則由七萬五千公斤減爲二萬五千公斤。南洋產金銀之國家，以東印度及菲律賓爲最多，金約佔世界總產量百分之一・五至一・九，銀約佔世界總產量百分之點五不等。茲將七年來東印度金銀礦之產量表列如下：

	金	銀
一九四〇年	二、七八九公斤	四六、八七四公斤
一九三九年	二、五二五公斤	一八、一五四公斤
一九三八年	二、三七四公斤	一八、〇一三公斤
一九三七年	一、七三〇公斤	一五、五五〇公斤
一九三六年	二、二二八公斤	二六、七六四公斤
一九三五年	二、一二二公斤	二一、八二五公斤
一九三四年	二、二〇九公斤	二四、〇七五公斤

（六）金鋼石

世界金鋼石之重要產地，爲南非慶伯利之火山凝灰角礫石中，佔總產額百分之八十以上，一九四〇年價值二萬萬四千萬磅。此外印度巴西我國及東印度亦產之。東印度產金鋼石之中心爲東南婆羅洲之馬辰，其次爲西婆羅洲之坤江流域中之小石內，但產量皆不多。其產品皆小于一開之四分之一。大約出產中百分之三十爲純白色，而平均大多數爲淡黃色或赭黃色。淡藍色之寶石偶爾亦被發現，其價格最高。金鋼石之試掘，皆爲印度尼西亞人鄉村中之老專家。彼輩應用各種不同形式之方法以求其成功。馬爾加普拉磨鍊金鋼石已有若干世紀之久。其採掘之設備屬于舊式機械。目前之輸出，不能在經濟上佔有地位，而其價格亦漸低落。

（七）硫黃礦

吾人鑑于東印度爲火山地帶，知硫黃之產量必極豐富。其採掘中心，爲加哇普帝之礦床，係西爪哇之一噴火口。該地之泥漿層，在噴火口之底面，有百分之十至百分之六十之硫黃。礦床之深度超過一百五十英尺。經過洗鍊後之美好產品，包含百分之九十八至九十九點七之硫黃，並無砒素或硒，僅含有百分之零點三之灰，及百分之零點二之水氣。第二處之礦床在西里伯斯島，其情形略同于前者。茲將十年來東印度之硫黃產量列如下表：

一九四〇年	一七、一七九公噸	一九三九年	一七、五七〇公噸

一九三八年	一六、二四二公噸	一九三四年	一二、二四〇公噸
一九三七年	一三、七三五公噸	一九三三年	一一、二一三公噸
一九三六年	一一、四九二公噸	一九三二年	七、六三八公噸
一九三五年	九、六四四公噸	一九三一年	一、八一七公噸

智利爲世界上唯一輸出碘之國家。其他國家如爪哇、日本與美國亦產碘。爪哇出產六十公噸至一百六十公噸之碘，化銅中含有百分之五十之碘，若與智利相較，則渺乎小矣。蓋智利每年出產之碘，佔世界所有產量百分之九十也。

第六章　工　業

第一節　東印度工業之發展

第一項　三十年來東印度工業化之演進

（一）抑制工業政策

當荷蘭在東印度擴張領土最盛之時，東印度政府曾給予外僑之利潤甚多，尤其外國資本家佔極大部份。政府之努力均集中于原料輸出方面，而抑制印度尼西亞人工業之發展。所有者僅滿足當地歐人生活所需之小工業而已。在東印度經濟體系中以農礦業原料之生產爲其基礎，故企業投資總額中百分之七十屬于農礦業。其中以農業尤居重要地位，獨佔百分之六十。就貿易上觀之，一九四〇年輸出總額八萬萬八千萬盾中，有百分之九十以上屬于農礦業。輸入總額四萬萬四千萬盾中，有百分之八十五屬于工業品。故東印度乃歐美先進資本主義國家之原料供給地，而工業品則須仰給諸先進資本主義國家也。且東印度農礦產甚豐，獲利甚厚，更無需急急從事于工業之發展。

（二） 最近經濟政策之變遷

工業革命及建設自十九世紀發動于英國後，而歐洲而美洲而及于全世界。第一次世界大戰告終，亞洲方面，日本亦趨于工業化，但一般人亦知過于工業化之危險，遂引起注重建設農業之政策。子國之工業漸趨自給自足，母國之貨品有時遂受莫大之影響，因而有幣制之聯繫及規定雙方貿易之條約。意大利之輸出與侵略阿比西尼亞有關，比利時與剛果貿易有關，若荷蘭與其東西印度亦大有關係。至于日本方面，于一九三一年以後，因奪取我東北四省之富源，于其貿易上極有大助。一九三九年之生產，較之一九二九年卽增加百分之八・五。

歐美兩洲自十九世紀以來，卽爲世界之大工廠，而其他數洲則爲其購貨部分，亦爲其原料之供給地。最近十年中，世界秩序既發生變動，德日兩國掌握世界經濟之關鍵後，而東印度感受威脅甚大。尺其經濟方面，東印度需要原料出口以抵入口貨値。輸出既減少，因而亦減少國民之購買力。購買力既薄弱，卽影響及于輸入量之減少。此東印度欲求工業化以便自給自足也。

（三） 工業發展之經濟條件

凡一國工業發達之經濟條件中，必須有資本之積蓄及過剩之人口。但東印度所得之利益，皆爲荷蘭本國所吸收，每年須解款三萬萬盾之多。而百年來，東印度解款于荷蘭者，達三百萬萬盾。致使該地並無印度尼西亞人之工商資本欲工業資本之形成，不能不有賴于外資之輸入。現東印度之工業資本，悉由歐美資本所經營，充分表現其爲殖民地性質。至于人口問題，東印度雖每十年平均增加百分之二十之人口，即三十五年增加一倍，但以七十三萬平方哩之土地，一九四三年僅有七千五百萬人，每方哩平均不過一百零三人。故無過剩之人口，亦卽難于達到大工業之發展。

（四）戰時工業建設被迫興起

考東印度工業之發展，實係晚近之事。以前之經濟政策，均着重于農業礦業之投資。在一九三〇年以前之工業，僅限于華僑歐人之小工業。華僑工業以糖錫椰油爲主，但均與輸出商有密切連絡。歐人所消費之工業，幾絕無僅有，有之亦僅飲料及傢具等而已。二十世紀初年，政府對于工業問題雖曾注意，但無何種實施。第一次世界大戰發生後，東印度物產之銷場極大，故市價暴漲，出口商及種植公司無不利市三倍。國家稅收因之大增。勞働者亦可得優厚之工資。于是一般人民之經濟，頓呈活躍之現象，而購買力亦隨之膨大。後因西方運輸發生問題，輸入品遂致求過于供，故工業建設被迫興起。一九一五年政府設立工業促進委員會，以高級官吏及財政工業方面有經濟之專家爲委員，以爲工業之指導機關。一九一八年又在農工商部設立工業委員會，予私人工業以技術上之指導及經濟之援助因之食料工業創立于前，肥皂顏料植物油傢具等工業繼起于後。而政府對于此種工業亦大加獎勵，並與新廠訂約使供給政府所需之製造品以爲提倡國貨之表示。迨夫一九一八年歐戰停後，輸入品之價格復見低落，而輸入量亦益見增加，東印度之新興工業，遂大受影響。一九一九年相繼倒閉者甚衆。一九二二年僅有少數之工廠，以政府之補助金得以苟延殘喘耳。雖一九二一年政府在萬隆設立織維學校，以促進本地紡織工業之發展，然亦無何種效力。一九二九年東印度機器小工廠及農業機器小工廠，總數爲一百八十六廠。香烟製造業在戰後亦顯示迅速之進步。據一九三〇年之統計，從事于小工業者，總共爲二百二十萬人；從事于原料生產者爲一千四百萬人。

（五）關稅保護政策

一九三〇年世界經濟恐慌發生後，東印度輸出量降低至百分之六十七，政府遂實行一部分保護關稅政策。原料之不能輸出，卽係使外貨之不能輸入。一九二九年至一九三三年間，農業工人自一百二十萬降爲六十萬人，而其他事業之失業工人尙未計算在內。于是政府不得不設法以提高人民生活標準。且一九三三年日本廉價貨品之侵入，已代替歐美之高價貨品，奪取荷蘭宗主國輸入之第一位，而壟斷東印度之輸入。在棉織品之總輸入中日本獨佔百分之八十三。其餘日貨尙控制玻璃瓷器洋灰及其他貨品之市場。該年日貨所輸入之價值，已爲荷蘭輸入之二倍有餘。荷蘭貿易衰落之原因，實由于本國無獨佔殖民地市場之大工業，不能以有利之條件，戰勝他國商品。荷蘭既不能維持其在殖民地之市場，乃漸感有發展東印度工業之必要。于是東印度工業化之呼聲以起。爲促進工業化，凡新設工業所必需之原料及補助材料，必須減低其輸入稅。因之有一九三三年新關稅法第三條第一項之規定，免除其輸入稅，以便保護現存工業。

（六）政府工業化之計劃

一九三三年後，東印度政府放棄其過去之抑制工業政策，乃施行定量輸入制度，獎勵本地工業之發展，以挽救國民嚴重之失業問題。政府工業化之計劃，係在農村建設小工廠，以供應本地之消費，絕不主張建設大規模之工業，以抵抗外來之工業製造品。其最大目的在于不損害殖民地經濟消費力之下，以建設工業。當局並不禁止大模範之生產，僅規定其必在政府培植之下。小工業所缺乏者爲技術人才與資本及與外貨競爭力量。因之政府乃成立訓練所，以訓練大批技術人員；並在爪哇及其他各島較大地方，設有指導所，以助人民工業之發展；成立金庫貸款，使印度尼西亞人不受印度人放款之損失。一九三六年荷蘭政府曾貸予東印度政府二千五百萬盾之款項，以作發展工業水利之用。此深受各方贊美之財政援助，在一九三七年至一九三九年間，對于東印度之灌溉，地方工業之振興，農業之調查，社會事業三年計劃之實行，頗多貢獻。

一九三三年東印度政府之新關税政策，對之境内之工業亦有所助，因關税政策曾禁止外來之各種工業製成品。政府政策之原意在于阻止日本貨品之輸入，及增强荷蘭貨品之輸入，但事實上却成爲保護關税政策。東印度工業化之計劃，雖不能將輸入税提高，但實可減少輸入之工業品，而日用品卽可自製，物價可以降低。惟問題在于東印度之環境，利于農業。工業之提倡，對于人民較爲困難耳。然反對東印度工業化者，亦大有人在，以爲自製物品，使貿易疲憊，外國必不願購買東印度貨物。但在政府方面，則以爲東印度工業化，可以提高人民生活標準，需要外貨之輸入，更可買進較多之外貨。倘工業化資本增加，則並不需要外國購買東印度貨品。因之政府終于提倡小工業，其後進而有熔鐵廠、鋼鐵廠、造船廠、化學品製造廠。

（七）　工業管理法令

爪哇爲消費及生產最重要之地方，亦爲人口勞工之最大市場，以致土地減少。故三寶壠及泗水卽成爲擴張工業之中心區域。爪哇爲輸出輸入之集散地。一九三五年輸入工業品爲三千四百萬盾。一九三九年增至五千八百萬盾。一九四〇年更增至七千萬盾。一九三四年工業管理法令，授予政府規定工業機構之權。初限于小工業，製造日用品爲大宗。其後遍及于全國。是年輸入機器減低税率。工業管理法令之内容，凡新工業須經許可，現在工業須經核准，指定工業之創設、擴張、或暫時中止工業之恢復，須得經濟部長之許可。經濟部長如認爲此等工業違背境內之經濟利益時，得不予核准。當發給許可或核准書時，政府可附以某種條件，如必需使用東印度所存之原料或物產是也。此法令之頒布，在保護及育成其工業，防止工業之濫設，及準備大工業之發展。一九三五年首先適用于印刷業，其後漸次及于香烟業倉庫業牛奶業等。

（八）荷蘭一貫之工商業政策

一九三七年政府又頒布新法律，有權創設新工廠及干涉工業廠家，其目的在于阻止東印度工廠與荷蘭貨品之競爭。因荷蘭一貫之工商業政策，子國貨物不能與母國貨物競爭也。該年政府對于外來機器完全免除輸入稅。為使東印度工業化起見，對于本地工廠，亦予以鼓勵，以期造成本地工業自給自足，不用外貨；並在內地設立工廠，自製貨品，以資消費。

（九）紡織工業

政府計劃下之小工業，有香烟、傢具、皮革、金屬磚瓦等。此等小工業，因得政府之援助，其出品日見精良。土布業原有相當歷史，一九三七年所用以製沙籠裙之土布，增至七千萬碼，值四千萬盾。土布業大多係家庭工業，女工最多。紡織工業在東印度本已幾告絕跡，但政府依然願其成為大量工業。此業之盛旺，可由其輸入棉紗量見之，即一九三二年輸入不及六千噸，一九三九年增至二萬噸。東印度有大規模之紡織廠，始于一九三九年。初有五千錠，一九四〇年增至一萬五千錠。手紡紗機加以改良後，甚爲印度尼西亞人所歡迎，一九三〇年有五百架，一九三五年增至四千架，一九四〇年更增至三萬五千架。一九三九年從事此種工作者達七萬人。紡織工廠在政府統治之下，足以吸收手工業商品，亦足以供給印度尼西亞人之若干消費。一九三六年沙籠裙之增產，使輸入方面減少殊多，足證自給自足之成功。沙籠裙工業，爲印度尼西亞人之重要工業，多在梭羅、日惹、北加浪岸等地。梭羅之沙籠裙工業，多係女工繪畫，技術甚精，不脫色，價格昂貴。在昔每條有售至八十盾者，然普通印色者則常在二盾至四盾之間。至于華僑所經營者，其廠多在巴達維亞之紅牌及加烈峇油蘭一帶。沙籠裙之原料，多爲漂白布及麻紗。一九三四年東印度政府實施輸入限制後，漂白布價格大漲，廠方受莫大之打擊，不得已乃用未漂之白布及灰布以爲代替。一九三五年此類代替之原料，亦受輸入限制後，價格又上漲，沙籠裙工業因之一蹶不振。于是政府乃指定荷蘭漂白布之市價，給予輸入商以津貼，並補助居間商因市價下落所受之損失，而東印度沙籠裙工業遂告穩定。一九三七年爪哇沙籠裙之工業生產價格爲四千一百萬盾，中三千萬盾爲布疋原料，四百萬盾爲印花顏色，七百萬盾爲工人工資。爪哇之沙籠裙工人約有十萬人。東印度沙籠裙之生產，四分之三在爪哇，四分之一爲外島。一九三九年僅有少數輸出，值一百餘萬盾。紡織品之輸入分配，在保護荷蘭之紡織業，以對抗外國之紡織業。紡織業雖漸進步，然一九三九年紡織品之輸入，仍佔總輸入之首位，值一萬萬二千萬盾。中以日本爲最多，佔百分之四十四，荷蘭次之，佔百分之三十一。除沙籠裙而外，近亦有手織面巾毛巾等日用品。

（十）香烟工業

小工業之香烟進展頗速，亦屬于家庭工業。一九三三年香烟出產大增，已代替外國香烟輸入四分之一之地位，值一千四百萬盾，至一九三九年增至一千八百萬盾。西式雪加自一九三三年之值一百萬盾，增至一九三九年之一千四百萬盾。一九三九年香烟雪加之進口為九百萬盾，較之一九二九年之進口為三千八百萬盾，已減少二千九百萬盾。一九三七年之香烟工人為一萬人。一九三九年有香烟工廠三十家。此業之特徵，在于全用本地烟葉，僅有烟紙方用外貨。肥皂製造為另一重要小工業。今日外國肥皂之輸入，僅佔全國所用肥皂百分之十五。樹膠工業往昔多輸入製成膠，而輸出粗膠，今則一部分樹膠已成為本國工廠之需要。

（十一）水泥工業

東印度土產工業，目的在供給當地歐洲人之需要，如飲料食料建築等。當第一次世界大戰時，食料工業因來源斷絕，乃急速發展。飲料之增加生產，使外貨大受限制。牛油之輸入至一九三九年亦劇烈減少。上述尚未包括其他輕工業：如香水、藥品、植物油、顏料、封蠟、印刷等，亦有增加强度或進步之表現。水泥輸入之減少，因徵收百分之三十之入口稅，所以使國內水泥工業趨于發達也。其中水泥之輸入，分配在保護把東之荷印水泥公司，以對抗外國之水泥。其目的在限制外國水泥之輸入量，不能超過東印度總需要之半數以上。水泥爲近代新建築上不可少之材料。無論築港事業水力電氣事業土木工程水利疏河工程等均利賴之。第一次世界大戰前東印度每年所消耗之水泥約一百萬桶，半由于外國之輸入，半由于把東之荷印水泥公司所供給。此係指平時之消費言。若一旦上述之築港事業發達則其消費當必十倍于前昔。把東之荷印水泥公司，成立于一九一〇年，資本爲五百萬盾，已繳者爲二百六十四萬六千盾。總公司設于荷蘭，水泥廠則設于蘇島之把東。其產品以野牛爲商標，通稱把東水泥。賣價較外國貨爲高，故難與外貨競爭。一九二〇年其股東紅利爲百分之二十，一九二一年即減爲百分之八，一九二二年更低至百分之五，一九二三及一九二四兩年且無紅利可言。因是一千盾之股票市價亦落至八百六十盾。東印度政府爲保護本國工業起見，乃于一九二六年下令官用品採辦局與該公司訂約，購十七萬五千桶，以供一九二七年度官辦土木工程之用。此後該公司已大見起色。一九二九年東印度消費水泥減少，致國外輸入亦因而減少。該公司遂獲厚利。把東水泥產額一九三一年已達一百二十萬桶，但因成本過高，終爲廉價之日本水泥所壓倒。東印度政府爲保護國內工業起見，乃採用津貼主義，對于荷蘭水泥之進口，每桶給予百分之三十之補助費，而對于日本水泥之進口，則採特許制，以示限制。結果日本水泥之進口，自一九三二年之九十萬桶，降至一九三三年之四十萬桶。因之有一九三三年之水泥輸入限制令，限制結果頗有功效。一九三五年水泥價格低落，該公司仍能獲利。一九三六年消費增加，結果獲利益大。一九三七年東印度外國水泥之輸入值一百五十萬盾。

（十二）大規模工業

政府目標雖在于提倡小工業，但大規模之工廠，亦未始不發達，尤以礦業及建築業爲甚。大規模工業雖不足以影響國民經濟，然亦不失爲介紹外國機器或工廠機器之工具。直至第二次歐戰發生後，東印度方積極擴大大規模之工廠。

一九三九年工廠數目爲一千五百八十所，較之一九三五年之一千二百所，增加三百八十所。工廠之增加，實由于政府頒佈一九三五年關稅法限止日貨之流入所致。若干新興工業中，幾無荷人資本參加。荷人資本多在紡織工業方面，大多數在西爪哇各地。至于機器及電力工業，一九三九年有機器廠六十二家，及其他小廠二百零二家，均曾在政府機關登記。其工作包括修理機械製造機器。電力廠在東印度有二種職務，一爲電力，一爲其他工業之動力。一九三九年內領有一百二十八所動力廠，外島則有一百零五所。一九三五年之水電力有十八萬四千八百基羅瓦特。一九三九年增至二十萬基羅瓦特。

（十三）工業生產價值

若夫工業生產價值，一九三六年手工業之最高數目爲七千二百萬盾。其中輸入材料一千五百萬盾，本地原料二千萬盾，工資三千七百萬盾，該年大規模工廠工業生産價値，較之手工業之最高數目爲大，約値七千八百萬盾至八千萬盾之間，其中工資三千萬盾，本地原料一千二百萬盾，其餘爲輸入材料。政府常以上述工資數字以掩護其阻止大工業發展之理由，謂大工業勃興，則多年努力維持印度尼西亞人之手工業將大受打擊，而失業者亦無法安置也。一九三六年之貨價爲一萬萬盾，內二千三百萬盾屬于輸入材料，其餘七千七百萬盾屬于本地原料。一九三六年工業總値爲二萬萬六千萬盾，內原料爲一萬萬八千六百萬盾，該年農業輸出爲三萬萬六千四百萬盾。一九三九年東印度工業生産價値爲四萬萬三千萬盾，內工資二萬萬盾，本地原料一萬萬三千五百萬盾，輸入材料九千五百萬盾。此鉅大工業生産價値中，一萬萬七千萬盾爲機器工業，一萬萬五千萬盾爲小工業，一萬萬一千萬盾爲手工業。

第二項　第二次世界大戰東印度戰時工業之發展

（一）　戰時之國防工業

一九四〇年夏荷蘭爲德國所攻佔後，東印度之原料，卽無銷售市場，于是東印度總督，根據一九三九年之法令，命令各地工業界，共同擔負國防工作。倘工廠不自動改爲國防工業，則政府必用强迫手段沒收之。戰事頗影響及大規模之工業，因與荷蘭全部斷絕關係。斯時東印度卽無所謂與不與母國作工業上之競爭，已消滅數十年來東印度發展工業之障礙，故政府對于工業化東印度問題，更爲積極，尤注意鋼鐵、銅、鐵礬土化學品以及爆炸品。一九四一年政府在蘇島投二千五百萬盾以上之資本以建立鐵礬土工廠。此廠係官商合辦，動力得自阿沙漢河之瀑布，專製鋼片。又建築鐵條工廠，資本三百萬盾，設立于爪哇。于是以前運往日本之廢鐵現可以自製鐵條矣。一九四一年又計劃設立一硫黃阿摩尼亞廠，資本爲七百萬盾；一硫酸硝酸廠資本爲六百萬盾。各廠附產品則欲用於製造火藥及爆炸品。其他在計劃中者有一玻璃廠，一紙廠，及其他紡織紡紗工廠。共投資預定一萬萬盾。此種大規模之扶助工業，全係戰爭起後所造成者。

工業化東印度，原係政府暫時調濟當地人口問題之計，而後來因戰事之需要，終成爲大規模正式之工業化。至將來則爲謀東印度工業之自給自足矣。

荷蘭資本之自母移至殖民地，並非由于荷蘭之目的，乃日本南進政策所迫成。結果東印度遂成爲荷蘭之經濟重心。雖然東印度與荷蘭無論聯繫如何密切，終成爲外人資本之集中地。戰時興起之新工業，無論如何終不能脫離荷蘭與歐人資本之所控制。

第二節　東印度之勞工問題

第一項　勞工法規

（一）新勞工條例

東印度之勞工條例，係創始于一八八〇年蘇島東海岸之勞工律令，初僅適用于農業，其後又適用于礦業、工業及交通業，併依各地之特殊情形而有局部之更改。同時各地復多獨立製定勞工條例。一九三一年東印度政府乃明令廢止以前之一切勞工條例，而代以適用外島全體之勞工條例。其內容雖與以前之條例大致相同，但已逐漸撤廢刑罰之規定，實爲重大之改革。一九三六年政府公布之新勞工條例，卽爲舊勞工條例五年一次之修正者，已明顯廢除契約勞工，而代以非契約勞工。共分九章，其內容如下：

第一章爲總則，規定外島農業工業皆能雇用契約勞工。

第二章爲契約，規定契約最長期間不得超過二年，亦不得延長。如契約期滿後，尚留原地工作者，則不適用第六章之規定而成爲非契約勞工。在內領招募之印度尼西亞人勞工，必須在該地締結契約，因之在企業地迄今所有之續訂契約，由此完全廢除。勞働契約由勞工之死亡而失效，但不因雇主之死亡而失效。

第三章爲雇主之義務，亦卽勞工之所得。凡勞工購入日常生活必需品所需之金額，或勞工特別生活必需品所需之金額，雇主皆有準備之義務。不問勞工與雇主間之契約如何，勞工要求額外工作百分之十五至百分之三十最低工資時，雇主均應給與之。工資應直接給予勞工。對于勞工之預支工資，不得超過勞工局長所定之金額。扣除時，其金額不得超過工資五分之一。雇主不得對勞工處罰罰金。除與契約者所定之宗敎假日外，每月至少有二日之休假。女工在預定分娩前三十日及分娩後四十日及月經期最初二日雇主完全不得要求其勞働。男工勞働時間，在地面上者每日爲九小時在地面下連續至四小時者每日爲八小時半。禁止連續六小時以上之勞働。至少須有一小時之休息。關于勞工之居住問題雇主不得違反勞工本人之意使與其家庭別居，且須對其家庭供給適當之住宅，良好之飲水及用水，且對于雇用五年以上之已婚勞工，繼續使其工作時，須給與一單棟之住宅。勞工及其家庭如患疾病時，須供給不取費之醫院藥品爲之治療，並須保障其生計。在契約期間，勞工如死亡時，雇主須擔負其葬費。契約勞工及其家庭之往返旅費，應歸雇主負擔。如契約滿期後一月，勞工要求返鄉時，或勞工死亡而其家庭要求返鄉時，雇主有送其還鄉之義務。

第四章爲勞働者之義務。勞工之行動，須依據契約忠勤服務。當場所內突發災難或危險時，雖在契約上所定之假日，或工作時間外，勞工均有幫助之義務，且不得要求額外工資。如勞工受雇主或其部下之不法待遇，須向所屬官憲呈訴時，無須得工頭之許可。卽在工作日亦得呈訴，但須在其勤務完畢後至少二十四小時之前，通知其直屬工頭。

第五章爲懲戒規定。勞工在契約期間，如有因農場外之事須受審或收監，或假疾病及其他理由，離開工作，在其許可之時間內，雇主得以自己之費用請求警官將該勞工覓回。又醫師爲防止疾病之傳染，認爲有指定醫院收容患病之勞工時，入院與出院須經醫師之許可。

第六章爲刑罰規定勞工如于契約規定之外未經許可繼續離開工場二十四小時以上者，或經雇主再三指令而不履行勞働者，或工場發生災害而不出力援助者得由官憲處以最高一月之拘禁，或最高一百盾之罰金。前次之宣告處罰確定後，未經二年繼續發生同樣事實者處以最高三月之拘禁，或最高三百盾之罰金又于契約期間，不服從雇主之命令時，處以最高十二日之拘禁，或最高五十盾之罰金。又反抗侮辱脅迫雇主時，或酗酒毆鬭而刑法上不能以犯罪而處罰之行爲時，處以最高一月之拘禁，或最高一百盾之罰金。以上之違反行爲均須工廠之雇主或其經理人之告訴乃論。如雇主對于本條例規定之義務未履行時，得由官憲處以最高一月之拘禁，或最高百盾之罰金。前次之處罰宣告確定後，未經過二年繼續發生同樣事實時，處以最高三月之拘禁，或最高三百盾之罰金。又煽動不履行勞働契約，或用方法故意援助不履行契約者，處以最高一月之拘禁，或最高一百盾之罰金。

第七章爲刑罰規定之漸廢。關于契約勞工，刑罰規定，初不僅爲東印度之問題，亦國際問題之一。一九一〇年荷蘭殖民大臣採用勞働問題調查委員會之意見，欲向荷蘭議會提出完全廢除刑罰規定之議案，遭受猛烈之反對而未成功。一九三〇年日內瓦國際勞工會議開會時，刑罰規定爲激烈爭論之中心。東印度之印度尼西亞人代表主張完全廢除。其他各國之代表贊成其主張，向東印度荷蘭代表提出嚴重之質問，致該代表幾陷入苦境。而爲東印度貿易最大主顧之美國，竟聲言將不購買由强制勞働所生產之物品。在此種情勢之下，東印度政府不得已乃有漸次廢除久經爭論之刑罰規定。

新勞工條例並規定一九二一年以前創辦之農園至一九四〇年開始後，不得再用契約勞工，而必需完全採用自由勞工。一九二二年至一九二七年創辦之農園至十九年後，卽至一九四一年或一九四六年，必須採用百分之九十之自由勞工。一九二八年至一九三〇年創辦之農園，至一九四六年開始後，必須完全採用自由勞工。一九三一年至一九四一年創辦之農園至一九四二年開始後，必須採用百分之五十之自由勞工。如工廠未能履行政府所規定之義務，或在所定期間內未能履行政府所規定之義務，及未能履行工資增加之決定，則司法部長得禁止雇主締結此種勞働契約。若該雇主在接到此種禁止通告三個月內尚不履行時，總督得宣佈其一切勞働契約在法律上無效。

第八章爲政府監督，第九章爲終結。

（二） 自由勞工條例及招募條例

除上述新勞工條例外，尚有一九一一年之自由勞工條例，一九〇九年之勞工招募條例，及一九一五年勞工自用招募條例。自由勞工條例其目的在外島勞工條例之一般改善及由契約勞工滿期後所招募者。至一九三三年經多次之修正而爲最後之公布。此條例適用于外籍僑民。其內容如下：凡雇主在契約開始及完畢時，對于所製備登記契約工資及勞工預支金之法定登記簿，完全支付工資。在任何場合之下，有不得減少其工資四分之一以上之義務。又勞工于契約完畢後，或身體不適合時，基于勞工之要求，雇主須出資在最早之機會中將該勞工送還最早招募之地方。契約滿工前，非基于勞工本身之過失及責任，由雇主解雇之勞工，雇主亦須出資送還其最早招募之地方。雇主須給與勞工完備之醫療設備住所飲水及用水。若違反此等規定時，處以最高一百盾之罰金。

勞工招募條例，爲政府開始干涉以招募勞工爲營業者。勞工自用招募條例，亦爲政府干涉雇主直接招募勞工之行爲者。此二條例經若干次之修正，終于一九三六年完全廢止，而代以該年之招募條例。凡招募內領之印度尼西亞人及在外島招募外僑勞工者，均受本條例之約束。其內容如下：

一　在內領能招募勞工者，一爲司法部長認可之招募機關，即雇主協會。二爲由司法部長特許之雇主，但限于自用勞工。

二　招募機關委託招募勞工，須有勞工局長認可之委託書。

三　招募內領之勞工，須收容于勞工局長指定地點所建築之收容所，或經勞工局長承認之臨時收容所，但均不得取費。

四　勞働契約，須由招募機關，招募之勞工及勞工監督或其代理人會同訂定，否則無效。

五　與招募之勞工締結契約時，事先須經衛生部長指定之醫師診察證明其適合所應募之工作，否則無效。

六　與招募之勞工締結契約而未成時，須由招募機關出資送其還居原地。

七　招募之勞工，以不預支工資爲原則。在特別情勢之下，得許可給與勞工局長所決定之最高額。

八　勞働契約之內容，必須使招募之勞工了解。

九　招募機關如違反禁止規定及玩忽義務時，得處罰其雇主或代理人以最高一個月之拘禁，或最高百盾之罰金。

十　招募機關基于本條例之規定，須作成一切文書，提供勞働監督及內務部之閱覽，並答復上述官憲之質問。

（三）　外國勞工限制條例

一九三七年東印度總督以爲外國勞工非常時期條例，有擴充之必要，乃于該年十二月二十九日，制定東印度限制外國勞工入境條例，在公報公佈由一九三八年四月一日起實施之。

第一條

一　爲明瞭此條例之應用，須知悉以下各點:

(甲)A勞働。不問其性質如何，凡從事服役于第三者，亦不問其酬報與否，酬報以現金或以他種方法算計者皆是。

B工作，基于契約服務于某種企業雇主，同時自兼工作，或幫助雇主者，均視爲工作。

(乙)雇主不論何人一自然人或法人或公共會社，使他人作工者，包含律師或設立在荷印以外一位雇主之代表等。

二　此條例不適用于服務于政府之公務員。

第二條

凡未持有書寫之允准證，禁止外國人工作，允許證書或暫時允許證書，對于彼指明關于在東印度之允許及定住所之規定，其日期在:

(甲)一九三五年八月二十四日以後者，所謂外國人，僅指歐洲人之有關係者，須受此條例之拘束。

(乙)其在一九三八年四月一日以後者，各種外國人皆發生關係。

第三條

一　允許證須由司法部長允許。

二　此證書得允許指定姓名之一人或多人，或不指定姓名一人或多人之雇員。

三　在證書中，或包含有條款指出有效期間，或得延長之。

四　若不順從條款，得將證書撤回。

五　或由政府另規定條例，即在第二條所指明者，在某地方或某一部，代表司法部長得允許所有之外國人或外人之一組工作，惟須指委文官遵守司法部長之訓令。

第　四　條

一　無論何人雇外國人作工，如無第二條所指之允許准字，或不遵守其中所規定之條款，得處以一個月以內之監禁，或五百盾以下之罰金。

二　若犯法未過二年，而重犯同樣之過失者，得處以三個月以下之監禁。

第　五　條

一　若犯本條例者爲法人，而此法人之代表適不在東印度，則將處罰其他在東印度之經理人或委託人。

二　如一法人之行爲係另一法人代表，經理或委託人者，此條例亦適用之。

第　六　條

一　除一般負責官吏隨時檢查違犯行爲外，勞工視察員亦得留意於此條例之遵行及檢查違犯者。

二　調査委員倘認爲在其正當進行職務上有檢査之必要時，得隨時要求檢査各種文書。

三　根據合法之推測，彼等隨時得允許進入工作之地從事調査違犯條例行爲，倘其入査遭拒絶時，得以强制執行之。

四　如非携有地方政府官長特別書寫之命令，或由彼指派之委員，不得任意侵入住民之住宅，此種入人住宅須在二十四小時以內正式報告入人住宅之目的及時期。

第七條

依此條例處罰之事實，均以爲違犯。

第八條

更進一步必要之執行及遵守本條例，得由政府法令規定之。

第九條

本條例對于其直接受治于印度尼西亞人區域之人，亦適用之，可交于印度尼西亞人區域司法官辦理。

第十條

一　本條例之實行日期爲一九三八年四月一日，其效力直至一九四一年一月一日止。

二　本條例可稱爲外國勞工限制條例。

三　發出淮字基於外國勞工非常時期條例（一九三五年公報第四二六號），在一九三八年四月一日後已屆滿期者，依然有效因在該日期後，又得基于本條例之允許也。

（四）勞　工　行　政

以上所述乃東印度關于勞工之各種法規，至于勞工行政，政府爲改善勞工待遇起見，乃于一九〇八年設立勞工監督制度。一九二一年又于司法部中之勞工司改爲勞工局。凡勞工之一切行政統歸該局執掌，並在各地設立職業所，以救濟印度尼西亞人之失業者。

第二項　東印度勞工生活狀況

（一）工　廠　類　別

東印度之各類工廠，一九三九年總共爲一千五百七十九所，計：

電力廠	四五八所	冰　廠	二〇八所
修理廠	二〇二所	鋸木廠	一四八所

工　業

二〇九

礦泉水廠	一四一所	紡織廠	六七所
工程廠	六二所	香烟廠	三〇所
水泥廠	一八所	紙廠	五所

但在一九四〇年一月，其純粹工廠共有二千五百四十四所，內領佔一千六百六十九所，外島佔八百七十五所。

(二) 工人統計

就工人類別言，一九三九年東印度工人總數共一百九十三萬四千一百十八人。內：

食料香烟工人	五六八、六五〇人	縫衣工人	二二三、七七六人
紡織工人	六七七、七五六人	金屬工人	一〇、一六一人
土木及籐竹工人	四五三、七七五人		

若嚴格言之，是年工業工人則爲三十萬人。如包括其他低廉工資之工業工人，其數約倍之，即六十萬人。

(三) 低廉工資

工資隨地方及職業之種類而異，即同業中亦有差別。食料工人爪哇每月工資爲六盾八鈁二生，外島爲八盾七鈁五生。紡織工人則在五盾八鈁六生至十盾四鈁六生之間。製糖工人男工平均每月爲七盾五鈁，女工平均爲六盾三鈁。蘇島烟園工人每月爲九盾。印度尼西亞人之生活異常簡陋困難。此並非其所願，實由于荷人之壓迫，不許其薪金提高，視之如奴役。一九四〇年巴達維亞之印度尼西亞人家庭，竟有一年中開支三十四盾二鈁三生者，較之荷人年入數千數萬盾者，誠不可以道里計。以軍隊言，同一士兵也，荷人之薪金，必倍于印度尼西亞人。以公務人員而言，荷人之薪金，更倍蓰于印度尼西亞人。荷人既壓迫印度尼西亞人，反掩飾其不平之行爲曰：歐人之生活程度高，印度尼西亞人之生活低，有以致之。此言實悖謬異常，蓋人類孰不願其生活之舒適與高貴，其所以不能達到者，完全環境壓迫之耳。